AWESOME ARCHAEOLOGY
BY NICK ARNOLD

Text Copyright ⓒ Nick Arnold, 2001
Illustrations Copyright ⓒ Clive Goddard, 2001
Korean Translation Copyright ⓒ Gimm-Young Publishers, Inc., 2003
All rights reserved.
This Korean edition is published by arrangement with
Scholastic Ltd., London through Eric Yang Agency, Seoul.

이 책의 한국어판 저작권은 에릭양 에이전시를 통한 Scholastic Ltd와의
독점 계약으로 김영사에 있습니다. 저작권법에 의해 한국 내에서
보호를 받는 저작물이므로 무단 전재와 복제를 금합니다.

파고 파헤치는 고고학

1판 1쇄 인쇄 | 2003. 12. 25.
개정 1판 1쇄 발행 | 2019. 12. 5.

닉 아놀드 글 | 클리브 고다드 그림 | 오숙은 옮김

발행처 김영사 | 발행인 고세규
등록번호 제 406-2003-036호 | 등록일자 1979. 5. 17.
주소 경기도 파주시 문발로 197(우10881)
전화 마케팅부 031-955-3100 | 편집부 031-955-3113~20 | 팩스 031-955-3111

값은 표지에 있습니다.
ISBN 978-89-349-9857-0 74080
ISBN 978-89-349-9797-9 (세트)

좋은 독자가 좋은 책을 만듭니다. 김영사는 독자 여러분의 의견에 항상 귀 기울이고 있습니다.
독자의견전화 031-955-3139 | 전자우편 book@gimmyoung.com
홈페이지 www.gimmyoungjr.com | 어린이들의 책놀이터 cafe.naver.com/gimmyoungjr

이 도서의 국립중앙도서관 출판시도서목록(CIP)은 서지정보유통지원시스템
홈페이지(http://seoji.nl.go.kr)와 국가자료공동목록시스템(http://www.nl.go.kr/kolisnet)에서
이용하실 수 있습니다. (CIP제어번호 : CIP2019031432)

어린이제품 안전특별법에 의한 표시사항
제품명 도서 제조년월일 2019년 12월 5일 제조사명 김영사 주소 10881 경기도 파주시 문발로 197
전화번호 031-955-3100 제조국명 대한민국 ⚠ 주의 책 모서리에 찍히거나 책장에 베이지 않게 조심하세요.

차례

고고학을 파헤치기 전에   7
믿지 못할 발굴자들   9
비밀의 장소   25
놀라운 대발굴   44
더듬더듬 수중 고고학   61
무시무시한 무덤들   75
죽도록 흥미로운 시체들   100
흥미진진한 발견물   124
과거를 푸는 열쇠   142
고고학의 미래   163

고고학을 파헤치기 전에

고고학은 아주 고생스럽고 무시무시한 분야이다. 왜냐하면 죽은 사람들과 그들이 살았던 모습에 대해 연구하는 학문이기 때문이다. 그래서 고고학자들은 박쥐와 뱀들이 우글대는 밀림의 유적들을 파헤쳐야 한다. 또 무덤 속에서 썩어가는 시체를 찾아 연구해야 한다.

이처럼 고대의 유적을 파헤치는 고고학자들은 죽은 사람들에게 생명을 불어넣고 과거에 대해 추적하는 사람들이다. 그렇다고 해서 고고학자들이 해골에 대고 과거를 캐묻는다거나 미라에게 말을 걸지는 않는다. 정말로 그랬다면 거기 뭔가 이상한 점이 있어서 그랬을 것이다. 어쨌든 고고학이 고대의 모습을 우리에게 보여 줌으로써 과거를 되살릴 수 있다는 것은 엄연한 사실이다.

자, 그렇다면 이 책에는 어떤 내용이 실려 있을까?
- 고고학자들이 실제로 무엇을 파고드는지 나와 있다.

- 고고학이란 무엇인지, 그리고 여러분의 발 밑에서 고고학을 찾는 방법은 어떤 건지,
- 중대한 발견에는 어떤 것들이 있는지,
- 어떻게 하면 여러분도 고고학자가 될 수 있는지,
- 파고 또 파도 나오는 끔찍한 사실들. 선사시대의 똥과 해골, 음산한 무덤에 얽힌 비밀들, 그리고 사람을 미라로 만드는 방법까지 나와 있다.

이 모든 이야기는 다음 페이지부터 시작된다. 거기서 여러분은 세계에서 가장 유명한 무덤을 발견한 주인공과 시체를 미라로 만들었던 한 고고학자를 만나게 될 것이다. 그럼 다음 페이지를 넘겨 볼까? 거기서 무엇을 발견하게 될지 여러분은 절대 짐작 못할걸!

믿지 못할 발굴자들

여러분은 남의 무덤에 몰래 들어가기 전에, 먼저 고고학의 내막을 알아야 한다. 절벽에서 뛰어내린 고고학자는 누구인지, 그리고 고고학자가 된다는 게 어떤 것인지를 반드시 알아야 한다.

그럼 고고학은 어디에서 생겨났느냐고? 그래, 그거 좋은 질문인걸!

고고학 발굴

고고학자들은 지층을 파고 들어가는 사람들이다. 점점 깊이 팔수록 오래 전에 묻힌 물건들을 캐낼 수 있기 때문이다. 다들 알겠지만 흙과 쓰레기들은 오랜 시간 쌓인 것이기 때문에 더 깊이 팔수록 더 옛날로 거슬러 올라가게 된다. 어쨌든 우리는 시간의 지층을 파고 들어가면서 고고학에 관해 알아갈 것이다.

고고학자들은 팀을 이루어 일한다. 발견된 것들은 모두 컴퓨터로 정리하며, 과학 기술을 사용해 얼마나 오래 된 것인지 밝혀낸다.

미국 일리노이 주에서는 발굴된 발견물에 관해 기록해 두기 위해 처음으로 컴퓨터가 사용된다.

1960년대: 미국의 해양 고고학자 조지 배스(George Bass)가 현대 수중 고고학을 개척한다. 이것으로 고고학자들의 발굴 영역이 더욱 깊어지게 된다. 때로는 헛다리짚기도 하지만.

1949~1951: 그레이엄 클라크(Grahame Clark)가 고고학자로서는 처음으로 과학자들에게 도움을 받아 한 장소의 고대 모습을 설명한다.

1950년대: 캐슬린 케년(Kathleen Kenyon, 1906~1978)이 요르단에서 팔레스타인의 옛 도시인 '예리코'를 발굴한다. 그녀는 그곳의 유물이 얼마나 오래됐는지 알아 내기 위해 처음으로 탄소 연대 측정법을 사용한다.

1920년대: 레너드 울리(Leonard Woolley, 1880~1960)가 이라크에서 5천 년 전의 고대 도시 '우르'를 발굴한다. 그는 하나도 놓치지 않으려고 엄청나게 조심하는데, 흙을 털어내는 데에도 칫솔과 이쑤시개를 사용한다. (설마 그 칫솔로 자기 이를 닦지는 않았겠지!)

1900: 아서 에번스(Arther Evans, 1851~1941)가 크레타에서 크노소스 유적과 거대한 궁전을 발견한다. 그 궁전에는 세계 최초의 수세식 화장실이 있었다.(기원전 2800년) 물론 그는 그동안의 고생이 물에 씻겨 내려가는 기분이었겠지.

오거스터스 헨리 레인 폭스 피트 리버스(Augustus

1887~1898

Henry Lane-Fox Pitt-Rivers, 1827~1900)는 굉장한 부자였는데, 그 이름까지 다른 사람들보다 더 길었다! 어쨌든, 그는 장군으로서 군사 기술에 쓰이는 측량법을 도입해서 발견물의 위치까지 한눈에 보여주는 발굴 계획을 짠다. 현대 고고학자들도 이와 비슷한 기술을 사용하고 있다.

1870~1890

하인리히 슐리만(Heinrich Schliemann, 1822~1890)이 고대 그리스의 시인 호메로스가 말했던 그리스 도시와 트로이를 발견한다.

1860

이탈리아 고고학자 주세페 피오렐리(Giuseppe Fiorelli, 1823~1896)가 폼페이 유적을 발굴한다. 폼페이는 화산 폭발로 묻혀 버렸던 로마 제국의 도시이다. 시체는 굳어 버린 용암 안에서 썩어, 그 안은 비어 있었다. 피오렐리는 그 구멍에 석고를 채워 사람들의 모습을 만든다.

1840년대

오스틴 레이어드(Austen Layard, 1817~1894)가 이라크의 니네베에서 2,500년 전의 아시리아 왕궁을 발견한다. 그는 소름끼치는 조각품들을 발굴해서 런던으로 보냈는데 산 사람의 살가죽을 벗기는 것을 보기 위해 군중들이 모여든 모습이었다. (여러분도 보고 싶다면 대영 박물관을 찾아가도록.) 프랑스 고고학자 에밀 보타(Emile Botta)도 코르사바드 근처에서 비슷한 유물들을 발견한다.

1798 용감무쌍한 프랑스 학자들이 전투 중에도 피라미드를 연구한다.

18세기 이전 사람들이 고대 유적을 파헤치는 이유는 보물을 찾거나 수집품을 구하려는 목적 때문이었다. 하지만 이런 짓은 절대로 현대 고고학과 비슷하다고 할 수 없다.

그럼 이제 다시 땅 위로 올라와 얘기를 시작해 볼까!

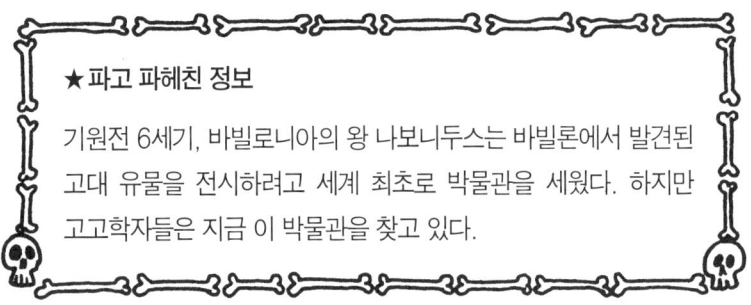

★ 파고 파헤친 정보

기원전 6세기, 바빌로니아의 왕 나보니두스는 바빌론에서 발견된 고대 유물을 전시하려고 세계 최초로 박물관을 세웠다. 하지만 고고학자들은 지금 이 박물관을 찾고 있다.

고고학자에게 질문을

만약 여러분이 고고학자와 얘기하게 된다면 이런 질문으로 그들의 전문지식을 시험해 보도록!

정답 : 토머스 제퍼슨(Thomas Jefferson, 1743~1826). 그는 고고학적 기록을 보관해 둔 최초의 사람이다(그 때까지 사람들은 그냥 유물들만 파냈지, 어디서 발견했는지 잊어버리곤 했다). 1784년 제퍼슨은 버지니아에서 여러 층으로 쌓아올려진 큰 고분을 발견했다. 아래층에 있는 뼈들이 더 많이 썩은 것으로 보아, 오랫동안 묻혀 있던 게 분명했다. 그래서 제퍼슨은 아래층들이 더 오래되었다고 생각했다. 흠, 그렇게 보면 제퍼슨도 머리가 나쁜 편은 아니었지!

초기 고고학자들은 실수들을 참 많이도 저질렀다. 그들은 어떻게 작업해야 하는지, 또 발견한 물건이 얼마나 오래된 것인지도 몰랐다. 발굴작업을 하면서 조심성 없이 땅을 파서 유물을 훼손시키는 경우가 많았다.

걸핏하면 실수를 저질렀던 고고학자가 독일의 하인리히 슐리만이었다. 슐리만이 텔레비전에 나와 인터뷰를 한다고 상상해 볼까. 아, 물론 그는 텔레비전이 발명되기 전에 죽었지만, 만약 그의 시체를 발굴해서 인터뷰를 한다면 이런 말을 하겠지.

죽을 뻔하다 살아오다

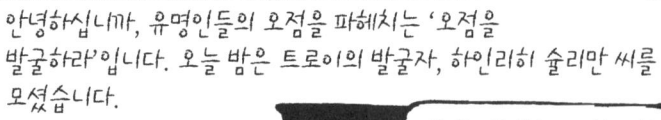

그러나 고고학자들이 모두 슐리만처럼 유명해지고 성공하는 것은 아니다. 자, 손수건을 준비하고 불행한 고고학자들의 이야기를 읽으면서 실컷 울어 보자!

불운의 고고학자들

1. 빅토리아 시대의 영국 고고학 전문가 JT 플라이트는 잉글랜드의 콘월에 있는 선사 시대 유적들을 아름다운 세밀화로 그리면서 세월을 보내고 있었다. 그러나 그의 작품을 사려는 사람은 아무도 없었다. 그는 돈이 점점 바닥이 나자 미쳐 버려, 감금되고 말았다.

2. 페루 원주민 출신인 고고학자 훌리오 텔로는 미국의 하버드 대학에서 고고학을 공부했다. 그는 민족의 역사를 공부하려고 페루로 돌아가서, 신전을 발견했다. 그는 자신의 일생을 걸고 신전을 연구했다. 하지만 어느 날 밤, 폭우로 댐이 무너지면서 홍수가 나서 텔로가 어렵게 찾아낸 발굴품들이 떠내려갔고, 신전은 진흙 속에 묻혀 버렸다.

절망에 빠진 텔로는 2년 뒤에 세상을 뜨고 말았다.

3. 오스트레일리아의 베러 고든 클라이드는 그동안 수집해 온 정보들을 통해 1만 년 전, 계속된 가뭄으로 식량부족 사태가 벌어진 뒤 중동에서 처음 농사를 짓기 시작했다고 결론내렸다. 나중에 고고학자들은 그렇게 가뭄이 지속된 적은 없었다고 밝혀냈다. 불리한 증거들만 계속 나오자, 클라이드는 낙담한 나머지 절벽에서 뛰어내리고 말았다.

그렇다면 고고학자들의 생활은 어땠는지 궁금하지 않은가? 희망도 없이 암울하기만 할까, 아니면 기쁘고 보람 있는 순간들도 꽤 있을까? 그 답은 곧 알게 되겠지만 그 전에 문제 하나 풀어 보자. 다음 중 고고학자를 구하는 진짜 구인광고는?

어느 것이 진짜 광고인지 여러분은 눈치챘겠지?

모두들 잘 알겠지만 고고학자가 된다는 건 아주 힘들고, 따분할 수도 있다. 게다가 돈도 많이 벌지 못한다. 그러나 이 책을 집어던지고 텔레비전을 켜기 전에, 이 글을 꼭 읽어 보도록!

공식 사과문

우리는 고고학이 모두 힘들다고 말한 것에 사과드리고자 합니다. 고고학은 99퍼센트만 힘든 일입니다. 하지만 입이 쩍 벌어지고 가슴이 쿵쾅거리며 침이 뚝뚝 떨어질 1퍼센트의 순간들이 그 모든 고생을 보상해 주기도 합니다.

굉장한 발견

1923년 이집트. 숨막히는 더위였다. 땀이 남자의 짙은 머리카락을 엉겨붙게 만들고 빳빳한 하얀 셔츠의 깃으로 흘러내리더니, 꾀죄죄한 흰색 린넨 윗도리 위로 뚝뚝 떨어졌다.

사십 대의 우람한 체격을 가진 이 남자는 가끔 불같이 화를 내는 것을 빼면 자기 감정을 좀처럼 드러내지 않는 사람이었다. 그러나 지금 그의 큰 손이 떨리고 있었다. 그의 이름은 하워드 카터.

퀴퀴한 공기 속에서 촛불이 파들거리는 동안, 그는 참을성 있게 작은 구멍을 긁어 내고, 봉쇄된 문의 석고에 창을 만들었다. 그 안에는 무엇이 있을까? 빈 방일까 아니면 뭔가로 가득차 있을까?

하워드 카터가 작업하는 동안 그의 머리 속엔 온갖 기억이 뒤엉켰다. 십대 시절, 난생 처음으로 고고학 발굴을 나갔다가 발견물의 먼지를 씻어냈던 일이 떠올랐다. 이집트 정부를 위해 일하면

서, 소년 왕 투탕카멘의 무덤을 찾아 헤매던 몇 년 동안의 일도 한꺼번에 생각났다. 그리고 불과 몇 주 전, 일꾼 한 사람이 땅속으로 통하는 계단 하나를 찾은 일이 떠올랐다. 그는 그 계단이 끝나는 곳에서, 사라져 버렸던 왕의 무덤을 찾게 되리라고 믿었다.

마침내 머리를 들이밀고 안을 볼 수 있을 만큼 구멍이 커졌다. 갑자기 공기가 통하면서 촛불 심지에서 연기가 피어오르고 불꽃이 펄럭였다. 잔상이 카터의 눈앞에서 번뜩이더니 춤추는 그림자들이 빛을 내는 것 같았다. 그게 무엇이었을까? 그렇다, 그것은 금이었다!

그의 귓가에 낮은 목소리가 들렸다. "뭐가 좀 보입니까?" 카나번 경이었다. 자신의 재산을 털어 카터를 후원해 온 그는 좋은 소식을 간절히 기다리고 있었다. 엷은 회색 눈에 천연두 자국이 있는 그의 얼굴은 자못 긴장한 표정이었다.

"네!" 카터가 숨을 내쉬었다. "굉장한 것들이 보입니다!"

그의 눈에 들어온 것은 동물 모양으로 깎은 황금 왕좌와 금으로 칠한 조상들, 보석이 가득 채워진 금궤들이었다. 사방이 온통 금이었는데, 꿈에서 그리던 것보다 보물이 훨씬 더 많았다. 그 소식이 카터 뒤에서 기다리던 사람들에게 퍼지면서 흥분된 웅성거림이 사방을 메웠다.

그러나 카터는 얼빠진 표정으로 방안을 들여다보기만 했다. 먼지 묻은 얼굴 위로 흘러 셔츠를 적시는 땀 따위엔 신경 쓰이지 않았다. 그가 쳐다보고 있는 곳은 3천 년 동안 잊혀졌던 곳이었다. 3천 년이면 사람이 50번을 태어났다 죽을 기간이었다. 카터는 고대 이집트 시대 이후 갇혀 있던 퀴퀴한 공기를 들이마셨다. 그리고 자신의 인생이 바뀌었다는 것을 직감했다.

그 후 몇 달 동안 그 소식은 여러 신문들의 첫면을 장식하며 놀라운 이야기를 전했다.

델리 뉴스--1922년 11월
왕의 무덤 발굴!

하워드 카터가 역사상 가장 위대한 고고학 발견을 해 냈다!
올해 48세의 고고학자 카터는 이렇게 말했다.
"이렇게 좋을 수가 없다!"

오스트레일리아 스포츠--1922년 11월
투탕카멘 무덤 발견!

영국의 영광스러운 발굴자, 하워드 카터는 가장 엄청난 보물창고를 찾아내고 만세를 부르며 나일 강에게 미소지었다!

뉴욕 뉴스--1922년 11월
투탕카멘 왕 찾아내다!

하워드 카터가 굉장한 유물들을 발견했다. 왕들의 계곡에 있는 무덤들과는 달리, 이 무덤은 고대 도굴꾼들로부터 전혀 침입받지 않았던 것으로 밝혀졌다.

> **카이로 타임즈 - 1923년 3월**
>
> ## 투탕카멘의 무덤 발굴 속보
>
> 이 무덤에 있는 네 개의 방에는 가치를 헤아릴 수 없는 보물 수천 점이 가득하다. 그 가운데 왕의 몸 형태를 하고 있는 세 개의 황금관은 관 안에 다시 관을 놓는 식으로 포개어져 있으며, 순금으로 된 데스마스크와 왕의 가구들·의복·보석과 게임판도 있었다. 하워드 카터는 "우리가 상상했던 것보다도 더 많은 것이 여기 있다. 이걸 조사하려면 몇 년은 걸릴 것이다."라고 말했다.

이 이야기는 사람들의 상상력을 사로잡았다. 이어서 고대 이집트 의상과 보석, 장신구들이 유행하기 시작했다. 물론 고고학계도 들떠 있었다. 그 무덤이 왜 그렇게 중요했는지, 한 고고학자가 그 이유를 이렇게 설명한다.

이보다 좋을 순 없다

★ 파고 파헤친 정보

잠깐 미라 얘기를 해 볼까. 미라 전문가인 보브 브라이어는 이집트인들이 어떻게 미라를 만들었는지 알아보기 위해 직접 미라를 제작했다. 그는 고대 이집트에 쓰던 것과 똑같은 도구로 시체를 가르고 고대인들이 했던 기술과 재료를 똑같이 사용해 시체를 보존했다. 보브는 끔찍스러운 그 장면들을 찍은 슬라이드를 고고학자들에게 보여 주었는데 몇몇 사람은 거북해했다.(그 사람들이나 미라나 기분이 좋지 않았을 것이다.)

그러나 고고학자가 된다는 건 직접 미라를 만들고 잃어버린 무덤을 찾는 것보다 더 많은 일을 해야 한다. 고고학자들이 뭔가를 발견하기 전에, 하다 못해 땅을 파기 전에 먼저 장소부터 찾아야 한다. 어디를 팔 건지 말이다. 그 내용은 다음 페이지에 나온다. 그러니 계속 읽도록! 장소 찾는 게 보물찾기처럼 재미있거든.

비밀의 장소

이야기를 시작하기 전에 반드시 다음 경고문을 읽고 다음 페이지로 넘어가야 한다.

 중대 경고!

고고학 발굴 현장은 부주의한 방문객들 때문에 쉽게 훼손될 수 있다. 절대 해서는 안 될 세 가지 행동을 명심하기 바란다 (감옥에 가기 싫으면 말이다!).

* * *

1. 교외에서 땅을 파지 말 것. 그 땅에는 임자가 있을 것이며, 자칫하면 사나운 경비견에게 물릴 수도 있다. 또는 사나운 땅주인이 다리를 물지도 모르지.

크르르!   크르르!

2. 공원이나 학교운동장을 파지 말 것. 살인적인 반미치광이 경비 아저씨에게 쫓길 수도 있다. 특히 여러분 때문에 경비 아저씨가 애지중지하는 꽃밭이 망가진다면 말이다.

3. 유물을 찾기 위해 금속탐지기를 사용해선 안 된다. 고고학자에게 '금속탐지기' 얘기를 꺼냈다간 눈물을 쏟게 될 것이다. 금속탐지기를 가진 사람 중 실제로 고고학 발굴 현장에서 유물을 훔쳐가는 사람이 있기 때문이다.

여기까지 온 걸 보니 다 읽었나 보군.

좋다. 그럼 계속해서 이 글을 읽어 보라. 다시 말하지만 위의 규칙을 어기지만 않는다면, 여러분이 고고학 발굴 현장을 둘러보는 데에는 아무 문제가 없다. 참, 여러분한테 도움이 될 책을 하나 소개해 주지.

초보자를 위한 고고학

EC 피시 씀

들어가는 말

저자 사진

고고학, 고고학, 고고학……. 나는 이 말을 사랑한다. 알다시피 고고학은 너무 근사하고 진짜 멋있는 분야이다. 나는 47년 동안 고고학자로 일해 왔지만 아직도 싫증이란 걸 모르겠다! 고고학이 대단하고 근사하고 환상적인 이유는 무슨 특별한 장치가 없어도, 또 몇 년씩 공부하지 않아도 할 수 있기 때문이다. 바로 그것을 이 책에서 말하고자 한다. 초보자를 위한 고고학 말이다!

제 1장 : 적당한 장소

고고학의 새싹들이여, 환영한다! 여러분이 고고학자가 되기 위해 필요한 것은 탐험할 장소이다. 내가 좋은 장소를 찾는 법을 말해 주지.

제 1단계

지도를 꺼내서 펼친다(고양이가 지도 위로 뛰어오르지 않게 주의시킨다). 그리고 몇몇 지명을 찾아본다. 어떤 지명은 여러분을 향토 고고학자로 만들어 줄 것이다. 예를 들어서 '우골산'이라는 지명이 있다고 하자. 그 언덕에는 어쩌면 뼈가 묻혀 있을지도 모른다. 그럼 그곳이 고대에 묘지였던 것은 아닐까? 거리 이름에서도 그곳의 과거를 알 수 있다. 무슨무슨 성 길이나 무슨무슨 사(절) 거리라면 무엇을 발견하게 될지 짐작할 수 있을걸!

제 2단계

잠깐! 삽을 들고 나가기 전에, 반드시 갖고 있어야 할 게 있다. 정보다. 그 장소가 옛날에 뭐하던 곳이었는지 말해 줄 단서가 좀 더 있어야지! 그러니 가까운 도서관으로 달려가서 몇 가지 사실을 알아 내도록. 그 장소에서 오래된 도자기나 동전을 발견했던 사람이 있는지? 그곳에 얽힌 소름끼치는 전설은 없는지? 옛날 이야기들은 그곳의 역사를 가르쳐 줄 단서일 수 있으니까.

제 3단계

다 했다고? 잘 했다. 이제 현장을 확인해 볼 차례다! 그 장소 주변을 한바퀴 돌아보도록. 혹시 벽의 일부였을 것 같은 오래된 돌이 보이지 않는지? 옛날 터에서 나온 돌들은 다시 쓰이기도 하므로, 오래된 집이라면 벽을 잘 살펴본다. 여러분은 얼마나 잘 찾을까?

제 4단계

여러분의 조사 기술을 최대한 시험해 볼 시간이다! 그렇다, 땅

에다 눈을 고정시키고 자세히 살펴보는 것이다(하지만 허락도 없이 남의 집 마당을 들여다보지는 말 것). 여러분이 찾아봐야 할 것이 몇 가지 있는데 이런 것이다.

- 돌들이 줄지어 흩어져 있는지 본다. 옛날 벽이 있던 자리를 표시하는 것일 수도 있다. 그게 아니면 나한테 돌을 던져라!

- 바닥에 낡은 도기 조각이나 뼈가 있는지 본다. 그건 단순한 쓰레기가 아니다. 고고학적으로 쓸모 있는 쓰레기일 수 있다구!

- 이런 것들이 많다면 어떤 집이나 주거지의 유적임일 수 있다. 여러분이 발견해 주기를 기다리는 유적일지도 모르지!

제 5단계

- 이번에는 땅을 열심히 들여다보면서 그곳의 식물들과 친해지면 어떨까? 농담이 아니라니까! 그 식물들이 과거를 말해 줄 수도 있다. 작물이 자란 밭에 어떤 흔적이 나타난다면 작물들

이 단서를 말해 주는 것일 수 있다.

- 유난히 식물의 키가 크다면, 옛날에 도랑이 있었다가 채워진 자리일 수 있다.
- 식물의 키가 작다면 그 밑에 돌이 있을지도 모른다.

제 6단계

해가 지기 직전에 여러분은 현장에서 뭔가 이상한 것을 보게 될지 모른다(여러분이 유령을 무서워하지 않으면 좋겠는데!). 그렇다, 희미한 석양 아래에서 툭 튀어나온 둔덕이나 우묵 꺼진 자리가 보일지 모른다.(나이 어린 고고학 친구들은 어른과 함께 가는 것이 좋다.)

- 우묵한 곳은 도랑 또는 수로가 채워진 자리일 수 있다.

우묵

- 불룩한 곳은 벽의 유적일 수 있다.

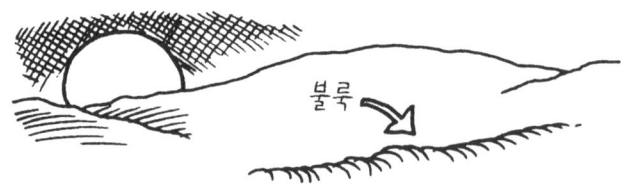

하지만 이런 곳 위로 절대 건너가지 말 것. 그랬다간 머리에 혹이 생길 수 있거든!

★ 파고 파헤친 정보

1. 쐐기풀은 종종 옛날 참호나 도랑이 있던 자리에서 자란다. 이 풀은 그런 곳을 좋아하는 모양이다. 또한 쐐기풀은 동물의 똥이나 뼈에서 발견되는 화학물질, 즉 인이 풍부한 흙을 좋아한다. 그러니까 쐐기풀이 우거진 풀숲에는 무시무시한 고고학 비밀이 숨겨져 있을지도 모르지!

2. 영국의 고고학자들은 세계에서 가장 오래 걸리는 실험을 하고 있다. 1962년, 이들은 흙 둔덕을 쌓고 도랑을 판 뒤 발견물들을 묻었다. 이 실험 계획은 그 장소를 계속 지켜보면서 고고학 현장이 2088년까지 어떻게 변하는지, 그리고 물건들이 땅속에서 얼마나 빨리 썩는지 알아보려는 목적이다. 지금까지 들어온 소식

놀라운 현장들

고고학자들은 EC 피시가 소개했던 기술을 이용해 오래된 현장을 찾는다. 그러나 대부분 발견은 우연히 이루어진다. 농부들이 밭을 갈다가 옛날 도자기를 파내기도 하고, 노동자들이 건물의 기초공사를 하다가 해골들을 발견하기도 한다. 사람들은 우연히 현장에 발을 디디기도 한다. 진짜로 발을 헛디뎌서 넘어지기도 하지! 1982년 고고학자 프랜시스 프라이어는 3천 년 전 늪 위에 걸쳐 있던 나무 난간을 발견했다. 그는 땅 위로 비죽이 나온 한 목재에 걸려 넘어졌던 것이다. 피터버러에 있는 이 플래그 펜(Flag Fen) 유적은 지금 일반인들에게 공개되고 있다.

고고학자들은 어떤 현장을 찾으면 그곳에 대해 좀더 알고 싶어한다. 좀더 알아보는 방법으로 정말 신나는 게 하나 있다. 하늘로 올라가는 것이다! 우리가 땅에 있을 때는 튀어나온 부분이나 흔적 전체를 가늠하기가 어렵다. 하지만 비행기나 헬리콥터를 타고 내려다본다면 전체를 볼 수 있다.

여러분은 그 흔적과 둔덕들이 옛날 건물의 윤곽선을 나타내는지 볼 수 있게 된다. 그리고 운이 좋으면 근처에서 다른 현장을 발견하고 옛날 그 지역에 얼마나 많은 사람들이 살았는지, 또 그곳이 어떤 곳이었는지도 알아 낼 수도 있다.

고고학적 정보

1. 최초의 현장 항공 사진 중 하나가 1906년에 스톤헨지를 찍은 사진이었다. 한편 1913년, 고고학자인 헨리 웰컴 경은 수단에서 발견한 현장을 하늘에서 찍기 위해 새로운 첨단 항공장

비를 급히 만들었다. 그것은 카메라를 연에 묶은 것이었다. 하지만 값도 싸고 효과도 괜찮았다.

2. 1980년, 미국의 고고학자 켄트 위크스는 이집트의 고대 유적지 테베에서 항공 조사를 벌이고 있었다. 그와 동료들은 낡은 폭격기를 타고 폭탄 투하구에 몸을 기대 사진을 찍었다. 그래서 비행기가 회전할 때마다 떨어질 뻔했다고. 하마터면 비행 청년이 될 뻔했겠네!

야외에서 확인해 보기

고고학자들은 발굴 현장의 주변이 고대에 어떤 곳이었는지 알아 내고 싶어한다. 그럼 다음 방법 중에서 유용한 방법은 어느 것이고, 말도 안 되는 방법은 어느 것일까?

1. 오래된 들쥐 둥지 안의 물건들을 조사한다. 그렇다/아니다
2. 죽은 지 오래된 딱정벌레와 달팽이를 조사한다.
그렇다/아니다

3. 화석을 찾기 위해 바위를 쪼개 본다.   그렇다/아니다
4. 고대의 꽃가루(꽃에서 나오는 '먼지' 같은 것)를 연구한다.
    그렇다/아니다

> **정답 :**
> **1. 그렇다.** 미국의 남서부에 있는 들쥐의 둥지에서는 마른 오줌과 들쥐 똥, 마른 나뭇잎들을 많이 발견할 수 있다. 이것은 사막의 건조한 기후에서 수백 년 묵은 것들이다. 고고학자들은 이 나뭇잎들을 연구해서, 이 둥지가 만들어질 당시에 어떤 식물들이 자라고 있었는지 알아 낸다.
> **2. 그렇다.** 딱정벌레와 달팽이는 아양떠는 고양이보다 더 부산스런 동물이다. 꿈틀거리는 애벌레들은 사는 지역이 저마다 정해져 있다. 늪지를 좋아하는 녀석이 있는 반면, 숲을 더 좋아하는 녀석들도 있다. 고고학자는 이런 옛날 벌레들을 찾음으로써, 그 지역이 어떤 곳이었는지 추측하기도 한다.
> **3. 아니다.** 화석이 만들어지는 데는 몇천 년이란 시간이 걸린다. 고고학자가 화석을 찾아냈다고 해도 그 지역에 사람들이 살던 시기보다 훨씬 앞선 연대의 것이다.
> **4. 그렇다.** 단단한 껍질에 둘러싸여 있는 꽃가루 알갱이는 몇천 년 동안 보존된다. 모든 식물은 저마다 꽃가루 모양이 다르기 때문에, 그 지역에 어떤 식물이 자라고 있었는지 알 수 있다. 식물은(벌레처럼) 환경에 까다롭기 때문에, 옛날 그곳의 풍경과 기후가 어떠했는지 추측할 수 있다.

드디어 고고학 발굴의 세계가 본격적으로 시작된다! 여러 가지 사건들은 곧 전개될 테니까……

죽음의 학교

제 1부 : 이상한 구멍

킬렘 학교는 평범하고 약간은 따분한 그저 그런 학교였다.

물론 그 학교에도 말썽꾸러기 아이들과 잔소리하시는 선생님들이 있었다. 그렇지 않으면 학교가 아니게? 킬렘 학교에 다니는 아이들 중 오스왈드, 클레어, 톰이라는 세 친구가 있었다. 그리고 교장인 스나이프 선생님과 영어를 가르치는 미크 선생님이 있었다.

그러나 뭔가 무시무시한 일이 벌어지려 하고 있었다. 곧 밝혀지게 될 끔찍한 비밀 말이다. 이 모든 일이 시작된 것은 어느 날, 오스왈드가 당혹스러운 사건을 겪으면서부터였다……

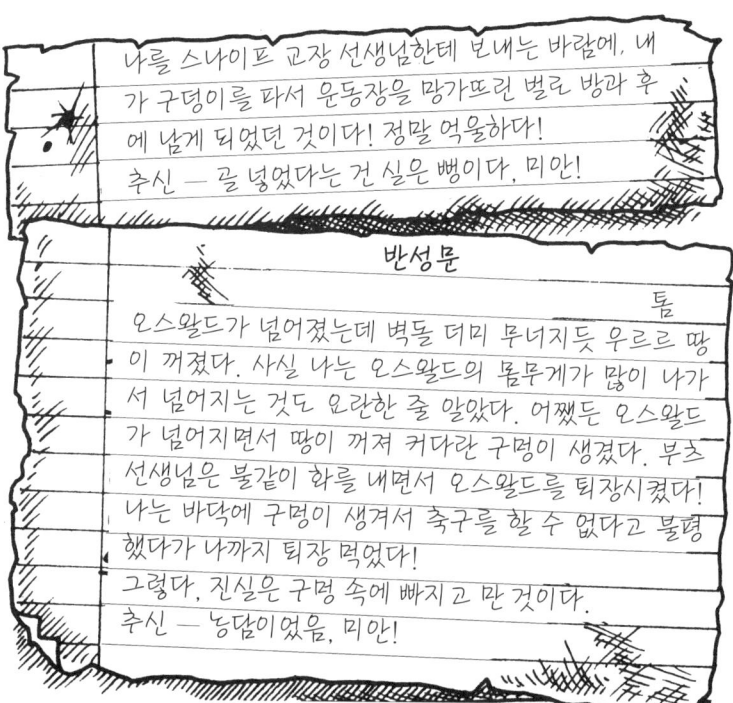

> 교장 선생님께
>
> 스나이프 선생님
> 걱정 끼쳐 드려서 죄송해요. 하지만 사실을 말씀드리면 오스왈드가 일부러 그 구멍을 판 것이 아니에요. 제가 구멍을 살펴봤는데 땅 밑에 묻혀 있던 아치 같은 것이 무너지면서 땅이 꺼진 것 같아요. 제 친구들을 그만 용서해 주시길 부탁드려요.
>
> 교장 선생님을 존경하는
> 클레어 스마트(학생)

학교에는 스나이프 교장이 그 구멍을 콘크리트로 메우려 한다는 소문으로 떠들썩했다. 그러나 누군가가(아마도 이름이 '클'자로 시작하는 사람이었을 것이다) 지역 고고학 협회에 정보를 일러준 후였다.

어쨌든 이튿날 몇몇 고고학자들이 그 수수께끼의 구멍을 조사하기 위해 학교에 왔다.

고고학자들

디그비 교수는 잠시 그 구멍을 물끄러미 보더니 뭔가 생각하는 듯 눈살을 찌푸리며 안경을 닦기 시작했다.

"음, 제가 보기에 이건 최초의 킬렘 학교 유적인 것 같군요. 제가 조사한 바로는 이 근처 어딘가에 있었다던데요."

"뜨아, 오싹해라!"

케빈이 소리쳤다.

"빨리 들어가 보고 싶어서 좀이 쑤신다! 교수님, 어서 파 봐요!"

교수는 나무라는 표정으로 케빈을 보았다.

"케빈, 뭐든지 서두르면 안 된다고 배웠을 텐데. 우선 철저하게 지구물리학적 조사를 끝내고 현장 보고를 해야 해."

"아, 알겠습니다. 죄송해요. 깜박 했어요."

케빈이 중얼거렸다.

"측량은 제가 시작하죠."

노먼이 지저분한 멜빵바지에 손을 닦으며 말했다. 그는 주머니를 뒤지더니 줄자와 몽당연필을 꺼냈다.

"걱정 마세요, 해결됐어요!"

그 때 사만다가 자랑하듯 휴대폰을 흔들면서 소리쳤다.

"지구물리학 팀이 오고 있대요. 제가 이미 GPS 측량을 부탁 했거든요!"

그러자 노먼은 그 신기한 발명품들에 관해 투덜거리면서 슬그머니 물러섰다.

역사 프로젝트

작성자 톰

(현장 조사)

고고학자들은 한 현장의 역사를 밝혀 낸다. 내가 도서관에서 읽은 책에는 우리 운동장이 있는 자리에 학교가 있었다고 씌어 있었다. 그 학교는 원래 마거릿 킬렘이라는 나이 많은 여자가 세운 것이다. 아이들이 그 여자를 '외눈박이 메그'라고 부르자, 그 여자는 잔인하게 변해 갔다고 한다.

B 잘했어요!

역사 프로젝트

작성자 오스왈드

(측량 작업)

측량이란 현장 지도를 만들어서 모든 것이 어디 있는지 위치를 보여 주는 것이다. 이렇게 하면 물건이 발견된 곳을 지도에 표시할 수 있다.

이런 지도를 만드는 멋진 방법은 GPS 시스템을 이용하는 것이다. GPS는 위성 위치 추적 시스템이다.

컴퓨터가 전파를 사용해서 9개의 위성(우주에서 지구 주변을 도는 것)을 쫓아간다.

지구 → 위성

그런 다음 현장에서 어디가 불룩 나오고 우묵 들어갔는지 알아 낸다 —메가급으로 끝내준다! 그러나 어떤 고고학자들은 줄과 줄자를 이용해 평면도를 그리기도 한다.

C 좀더 노력하세요.

역사 프로젝트

작성자 클레어

(지구물리학)

고고학자들은 지구물리학 기술을 광범위하게 이용한다.

자기측정
용돈을 털어서 산 고고학 잡지에 따르면, 자기측정계는 지구를 둘러싼 힘인 자기선의 분열을 측정하는 기계이다. 자기선의 분열은 땅에 묻혀 있는 벽이나 도랑, 구덩이 또는 옛날 화재가 있었던 곳처럼 불에 탄 지역에 의해 일어날 수 있다.

저항
'고고학 백과사전' (2000년 판)에 따르면 전류는 흙을 따라서 흐른다고 한다. 만약 전류가 아주 쉽게 통과하면, 그곳은 속이 꽉 차 있는 구덩이나 도랑일 수 있으며, 암석이 적은 흙임을 말해 준다. 만약 전류가 저항을 만나면 묻혀 있는 벽의 돌일 수 있다.

토양 관통 레이다
이에 관해서는 인터넷에 자료가 많기 때문에 앞으로 좀더 조사를 해 봐야겠다. 이 기계는 땅속으로 전파를 쏜다. 전파는 묻혀 있는 벽을 만나면 반사되는데, 컴퓨터가 이런 지점을 그림으로 나타낸다. 다만 문제는 우리가 찾아낸 땅 속의 벽이 하수도관일 수도 있다는 것이다.

A 참 잘했어요!

이제 킬렘 학교로 돌아가 보자.

지구물리학 팀은 기계를 설치하느라 분주히 움직였고, 사만다는 GPS 프로그램을 사용해 최신 노트북 컴퓨터로 현장의 설계도를 깔끔하게 그려냈다. 지구물리학 컴퓨터로 뚜렷하게 프린트돼서 나온 그림에, 모든 사람들이 감동을 받았다.

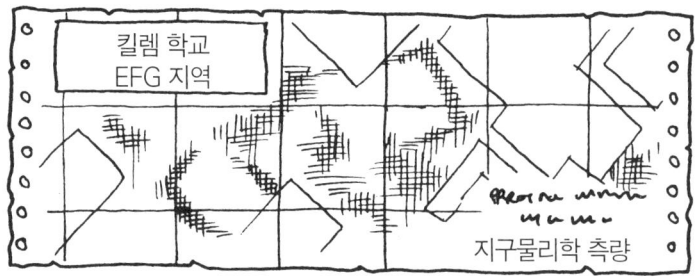

"히야! 벽이며 모든 게 다 보이네요! 그런데 벽들을 가로지르는 또 다른 벽이 있어요." 케빈이 말했다.

"그건 수도관이야." 교수가 대답했다.

"빨리 흙을 만지고 싶어서 근질근질하군. 이 현장은 정말 굉장한 것 같아요!" 노먼은 기분이 좋은 듯 했다.

"좋아요, 시험삼아 이쪽과 저쪽에 참호를 파기로 합시다." 교수는 프린트 종이 위에 또렷한 두 개의 선을 그었다.

물론 아무도, 그들이 서 있는 지표면 아래로 시체들이 썩어가고 있다는 사실을 짐작도 못했다.

(다음 이야기를 기대하시라……)

현장 이해하기

고고학의 세계에서는 일이 술술 풀리는 법은 결코 없다. 여러분이 현장을 측량하여 그곳이 얼마나 큰지, 또 땅 밑은 어떤 모양인지 알아 냈다고 하자. 그러나 여러분은 그 현장이 어떤 곳이었는지 짐작하지 못할 수도 있다.

★ 파고 파헤친 정보

3천 년 전 영국의 콘월에는 터널들이 많은데 모두 끝이 막혀 있었다. 그 터널들은 학교 어린이들이 파놓은 피난처일까, 아니면 지하 사탕 광산의 흔적일까? 그 터널처럼 지금까지의 이론들은 시원하게 그 비밀을 풀지 못하고 있다.

알아보는 방법을 알고 싶다고?
그럼, 손에 흙을 묻힐 각오는 됐는지?

놀라운 대발굴

고고학은 트림하는 것처럼 쉽다. 구덩이 하나를 파서 귀중하고 오래된 물건들을 건져 내서는 박물관에 갖다주는 것이다. 그런 다음 나머지 시간 동안, 책상에 다리를 걸치고 만화책이나 읽으면 그만이다!

고고학자들은 구덩이를 파지 않는다. 그들은 조금씩 현장의 일부를 드러낸다. 그들은 연약한 유물들을 훼손시킬까 봐 조심조심 들어올린다. 이것은 시간이 걸리고 고통이 따르는 작업이다. 현장의 윤곽을 드러내기 위해서는 많은 고고학자들이 각자 맡은 발굴 영역에서만 일을 해야 한다. 그렇다면 킬렘 학교의 발굴은 어떻게 진행되고 있을까?

죽음의 학교

제 2부 : 발밑에서 시작된 발굴

"근사하다! 제가 몰면 안 될까요? 제발 교수님, 얌전하게 굴게요. 다른 사람의 발이든 뭐든, 절대 밟지 않도록 운전할게요! 부탁이에요, 제바아알!"

하지만 디그비 교수는 단호하게 고개를 저었다.

"안 돼, 케빈. 너는 특수장비 운전면허증도 없잖아."

바로 그 때 교장 선생님이 끼어들었다.

"당신네들, 약속했던 것처럼 나중에 원래대로 되돌려놓을 거요?" 스나이프 선생님이 의심스럽다는 듯이 물었다.

"잔디 값이 비싸단 말이오."

디그비 교수는 약간 성가시다는 표정이었다.

"물론 그럴 거예요. 하지만 고고학 지층을 드러나게 하려면 표토층을 걷어 내야 해요. 그게 가장 빠르고 쉬운 방법이에요."

운전기사가 기계에 시동을 걸자, 사람들의 말소리는 소음에 묻혀 버렸다.

고고학 투데이
2003년 10월
학교 밑에 학교가!

헬가 디그비 교수가 이끄는 고고학 팀이 킬렘 학교 유적을 발굴하고 있다. 교수는 이렇게 말했다. "초기의 학교들은 대개 헐려서 다시 지어지는데, 그렇지 않은 학교가 발견되다니 특이합니다. 점점 새로운 사실들이 밝혀지고 있습니다." 고고학자들은 전체 발굴을 계획하고 있으며 이미 몇몇 유적을 발굴해 냈다.

참호에 있던 노먼이 소리쳤다.

"교수님! 학생들이 글씨를 쓰던 칠판이 발견된 것 같습니다."

"흠, 흥미롭군요." 디그비 교수가 중얼거렸다.

"여기를 보세요." 노먼이 흥분해서 말했다. "이 나무 제품은 보존 상태가 좋은데요. 아마 무슨 지팡이 같아 보입니다."

교수는 부서질 것 같은 나무 막대를 꼼꼼하게 살펴보더니, 중간에 묻은 흙을 손으로 살짝 문질렀다.

"이건 회초리 같아요, 노먼."

바로 그 때 두 번째 참호에서 비명 소리가 들렸다.

모두가 케빈이 웅크리고 있는 곳으로 달려갔다. 케빈은 횡설수설하면서 흙 속의 물체를 가리키고 있었다.

"저, 저기……." 케빈이 말을 더듬었다.

"저기 뭐?" 교수가 초조한 듯 다그쳤다.

"누, 눈알이에요!" 케빈은 비명을 지르며 손을 허우적거렸다.

"말도 안 돼!" 교수는 단호하게 말하면서 무릎을 꿇고 살펴보았다. 그 크림색의 물체는 둥글고 단단했으며 유리로 만들어져 있었다. 사람 눈처럼 보이도록 한쪽에 색이 칠해져 있었다.

"이야, 근사하군!" 노먼이 낄낄거렸다. "오래된 유리눈알이야. 유리눈알이 땅 속에 있는 건 처음 봐. 그런데 저쪽에도 뭔가 있는데……." 그는 참호 한쪽 옆에 있는 갈색 더미를 가리켰다.

"저건 아마 해골일 거야."

"해골!" 케빈은 욕조 안에서 새끼 악어를 본 사람처럼 참호 밖으로 황급히 뛰쳐나갔다.

그 때 산뜻한 옷차림을 한 사람이 뛰어오는 것이 보였다. 뒤로 묶은 여자의 금발이 찰랑거리고 있었다.

사만다였다. "자, 여러분. 새로운 소식이 있어요!"

(이야기는 다음에 계속돼요…….)

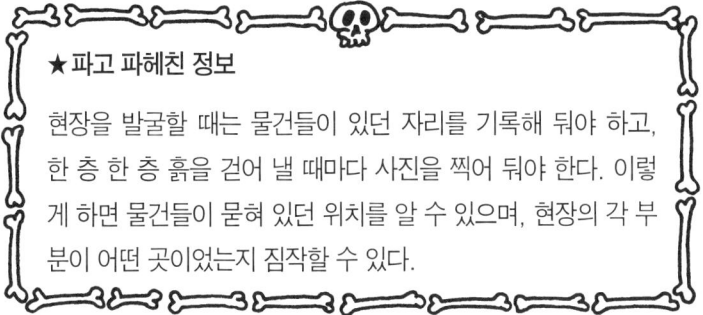

★파고 파헤친 정보

현장을 발굴할 때는 물건들이 있던 자리를 기록해 둬야 하고, 한 층 한 층 흙을 걷어 낼 때마다 사진을 찍어 둬야 한다. 이렇게 하면 물건들이 묻혀 있던 위치를 알 수 있으며, 현장의 각 부분이 어떤 곳이었는지 짐작할 수 있다.

바들바들 발굴 퀴즈

1. 고고학자 JC 드루프는 1915년에 고고학 책을 썼는데, 그 책에서 남성 고고학자와 여성 고고학자는 같이 발굴작업을 해선 안 된다고 적었다. 왜일까?

 a) 날씨가 더우면 남자 몸에서 냄새가 나기 때문.

 b) 어쩌다 남자 입에서 욕이 나오면 여자가 충격을 받기 때문.

 c) 여자가 있을 곳은 가정이기 때문.

2. 미국 워싱턴 주 오젯에서 발굴작업을 벌이던 고고학자들이 공격받았던 동물은 무엇일까?

 (힌트 : 그 현장은 물 속이 아니었다.)

a) 곰
b) 햄스터
c) 해파리

정답:
1. b) 다음 번에 엄마 입에서 거친 소리가 나올 때, 이 이야기를 해 드리도록! 운이 나쁘면 엄마한테 욕을 더 들을 수도 있겠지!
2. c) 하하, 속기 쉬운 문제지! 고고학자들은 고대 아메리카 원주민 마을 유적을 뒤덮은 진흙을 씻어 내려고 소방 호스로 바닷물을 뿌렸다. 그런데 해파리 한 마리가 호스에서 발사되면서 고고학자들을 공격했다. 땅 위에서 말이다!

직접 발굴해 보는 고고학 체험

고고학이 어떤 건지 여러분이 직접 체험해 볼 기회가 있다(하지만 사악한 해양 동물을 조심해야 한다).

준비물

● 땅 한 뙈기. 이 땅을 파도 되는지 허락받는 것이 좋다. 다만 호박밭이나 장미 정원 한가운데, 또는 할아버지의 접이 의자 밑은 피하도록 한다.

- 원예용 장갑
- 꽃삽
- 커다란 페인트 붓
- 연필과 공책

발굴 방법

1. 세균들로부터 손을 보호하기 위해 장갑을 낀다. 손에 상처가 있으면 반드시 붕대를 감아야 한다.
2. 살살 땅을 판다. 구덩이의 어느 한쪽만 너무 깊게 파지 않도록 한다. 어떤 물체를 발견했다면 붓으로 그 주변의 흙을 쓸어낸다.
3. 구덩이의 평면도를 그려, 발견물의 위치와 서로 다른 지층을 표시하도록 한다.

그리고 발굴이 끝났으면 다시 현장을 흙으로 덮어야 한다. 만약 여러분의 동생이 그 구덩이에 빠지는 날에는 여러분의 인생 자체가 구렁텅이에 빠지게 될 테니까!

누가 데이트 얘기를 했다고?

이 책에서는 고고학자들의 비밀스러운 사생활을 캐내고, 그들이 여자친구 또는 남자친구와 무얼 하는지 들춰보지는 않을 것이다. 여러분도 이처럼 훌륭한 책에서 그런 쓸데없는 이야기를 듣게 할 거라고는 기대하지 않았겠지?

고고학에서 데이트, 정확히 말해서 데이팅(dating)이란 연대 측정을 뜻한다. 참호의 여러 지층에서 발견된 물건들을 보고 그 지층이 얼마나 오래된 것인지 밝혀 내는 작업이다. 다음 참호에서 여러 지층을 자세히 살펴보자. (그런데 하나의 참호에서 이런 것들이 모두 나오지는 않을 것이다. 여러분이 박물관을 발굴했다면 또 모르지!)

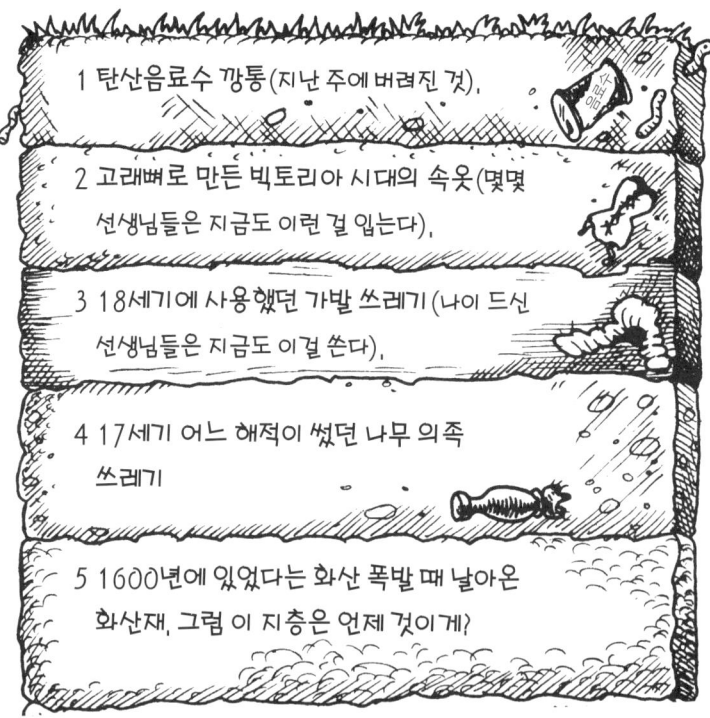

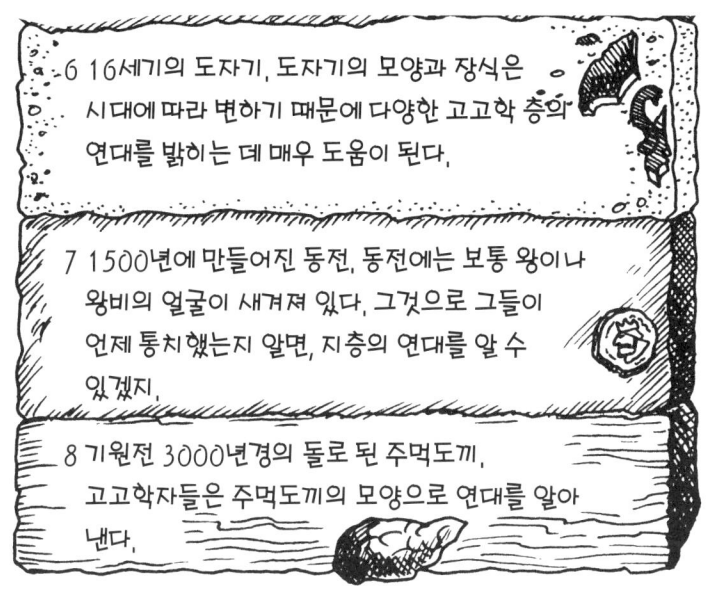

나무가 너무너무 대단해서

고고학자들은 지저분하고 오래된 나무 그루터기나 나무로 만들어진 것들을 조사하길 좋아한다. 왜 그럴까? 모든 나무는 여름마다 바깥쪽으로 층이 하나씩 자란다(그걸 나이테라고 한다). 한 지역에 있는 똑같은 종의 나무들은 비슷하게 자라기 때문에, 세월이 지나면서 똑같은 나이테를 갖게 된다.

고고학자들은 거대한 목재의 나이테를 컴퓨터 기록에 맞춰 보고 그 나무가 자라던 시기를 알아 낸다.

놀라운 탄소 연대 측정법

정말 희한하게도 이렇게 이상한 생각을 해낸 것은 원자폭탄을 만들고 있던 사람이었다. 과학자 윌러드 리비는 제 2차 세계대전 중에 원자폭탄을 제조하는 프로젝트에 참여하고 있었다. 그는 서로 다른 방사성 탄소의 원자들이 큰 비율로 소멸한다는 사실을 알

게 되었다. 알다시피 원자폭탄에는 방사능 물질과 기타 등등 여러 물질이 들어 있다. 잠깐만. 이거, 얘기가 점점 복잡해지는데……

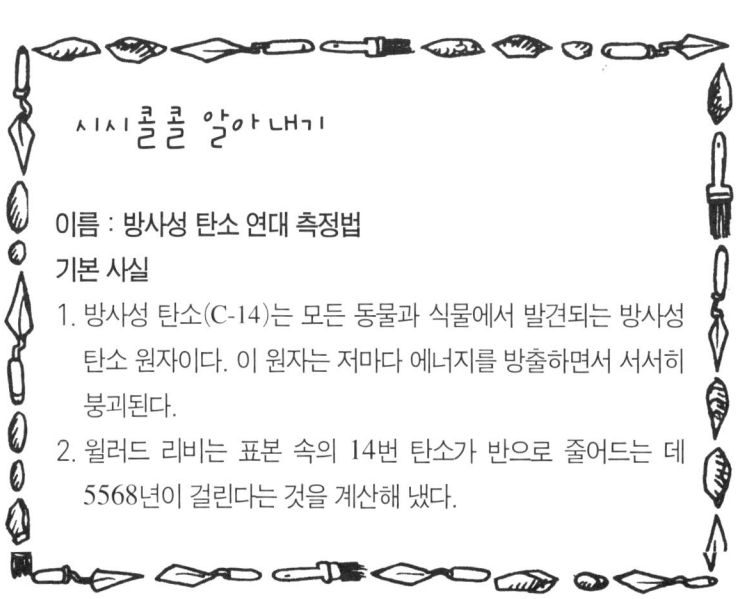

시시콜콜 알아내기

이름 : 방사성 탄소 연대 측정법

기본 사실

1. 방사성 탄소(C-14)는 모든 동물과 식물에서 발견되는 방사성 탄소 원자이다. 이 원자는 저마다 에너지를 방출하면서 서서히 붕괴된다.
2. 윌러드 리비는 표본 속의 14번 탄소가 반으로 줄어드는 데 5568년이 걸린다는 것을 계산해 냈다.

3. 원자들이 더 많이 붕괴될수록 표본에서 나오는 에너지는 줄어든다. 그러므로 과학자들은 더럽고 오래된 뼈 안의 에너지를 계산하면 원자들이 얼마나 오랫동안 붕괴되고 있었는지 알아 낼 수 있다. 다시 말해서 그 뼈가 얼마나 오래된 것인지 알 수 있다는 얘기다. 기가 막히지? 혹시 모르지, 이 기술이 여러분의 선생님들한테까지 통할지도!

시시콜콜한 사실

1. 탄소 연대 측정법이 발견된 뒤, 전 세계의 고고학자들이 고대의 나무 조각들을 봉지에 넣어 윌러드 리비에게 보냈다. 왜긴, 연대를 측정해 달라고 그런 거지.
2. 12만 5천 년보다 더 오래 된 것은 탄소 연대 측정법을 사용할 수 없다. 모든 방사성 탄소 원자들이 다 사라지고 없기 때문이다. 따라서 학교 급식 판에 낀 곰팡이 슨 말린 자두의 연대는 측정할 수 없다는 얘기다.

지금까지 여러분은 고고학 현장 발굴이란 게 즐겁고 쉬운 일이라고 생각했을지도 모르겠다. 그러나 연대 측정과 관련된 성가신 일만 아니라면 고고학은 더할 나위 없이 멋진 일이다. 그러나 천만에! 고고학은 소름끼칠 만큼 골치 아플 수도 있다. 다음 글을 읽어 보면 알게 된다고!

고고학의 악몽들

다음 이야기는 모두 끔찍하게 일이 잘못된 경우이다!

1. 귀여운 토끼들이 고고학자를 황당하게 만들 수도 있다. 토끼들이 발굴 현장에 굴을 파서 고고학 지층을 엉망으로 만들고, 발굴자들을 혼란에 빠뜨리기도 한다. 고고학자들은 부싯돌로 만든 석기가 두 개의 층에서 발견되었으니 서로 다른 시기의 선사시대인들이 한 장소에서 살았다고 생각했다. 그러나 누군가가 두 개의 지층에서 각각 발견된 부러진 석기가 꼭 들어맞는다는 사실을 지적했다. 그들은 머리 나쁜 토끼들한테 속았던 것이다.

2. 열대 지방의 나라에는 무서운 독사들이 유적 안에 살기도 한다. 트로이에서 슐리만은 치명적인 독사를 수백 마리나 발견했다. 열대의 유적 현장에는 독거미가 어슬렁거린다. 독거미가 여러분 어깨 위에도 걸어다닐걸?

3. 고고학자들에게 폭우는 나쁜 소식이다. 만약 참호에 물이 고인다면 유물들이 흙 밖으로 쓸려나올 수 있다. 그렇게 되면 어느 것이 어느 층에서 나왔는지 기록할 수 없을 뿐더러, 고고학자들은 작은 유물을 찾아서 질척거리는 흙을 체로 치고 스펀지나 티스푼으로 참호의 물을 빼내야 하기 때문이다.

4. 현장이 동굴 속이라면 위험하다. 어떤 곳은 공기가 잘 통하지 않아서 숨쉬기가 힘들다. 끔찍해서 숨이 멎을 것 같지! 게다가 동굴 천장이 무너질 수도 있다. 그러니 아무쪼록 여러분은 동굴을 발굴하는 데에 참여하겠다고 나서지 말기를.

5. 석기 시대인들은 남긴 것이 거의 없기 때문에, 고고학자들이 찾아내는 것은 뼈조각 몇 개와 돌멩이들이 고작이다(그래서 석기 시대라고 하는 거다). 작은 유물이라도 찾아내려고 애쓰는 고고학자들은 더러운 흙을 일일이 체로 쳐야 한다.

6. 1940년대에 이라크 고고학자 푸아드 사파르와 영국 고고학자 세턴 로이드는 11개의 궁전을 발굴했는데 이 궁전들은 각각 다른 궁전의 폐허 위에 세워져 있었다. 좀 헷갈린다면 다음 설명을 잘 들어 보도록. 그 궁전들은 흙벽돌로 되어 있었다(일부 중동 지역에서는 햇볕에 말린 흙벽돌로 집을 지었다). 그리고 그 벽돌들이 진흙과 비슷하게 생겨서,(아님 뭘 닮았겠어?) 고고학자들은 바닥에 엎드려서 손가락 끝으로 진흙에서 흙벽돌을 떼어 내야 했다.

7. 도굴이 문제가 될 수도 있다. 1877년에서 1878년 이라크의 한 발굴 현장에서는 4만 점의 점토판들을 도둑맞았다. (점토판이란 찰흙 공작할 때 쓰는 판이 아니라, 글을 새겨 넣은 흙벽돌을 말한다. 아마 그 도둑들은 심심풀이로 읽을거리가 필요했나 보지.) 1959년 나이지리아의 한 무덤에서 아름다운 청동상들을 발견한 고고학자 서스턴 쇼는 그 유물들을 안전하게 지키기 위해 자기 침대 밑에 놓아 두었다. 그러나 누군가 숨어들어 그 청동상들을 훔쳐가 버렸다.

8. 깊은 참호가 무너져 고고학자들을 생매장시키는 수도 있다. 안전을 위해서 참호에는 금속으로 버팀목을 받쳐야 하며, 계단을 파서 고고학자들이 피신할 수 있게 해야 한다.

9. 그러나 아무리 튼튼한 참호라도 안심할 수는 없다. 1912년 레너드 울리가 시리아에서 발굴하던 때였다. 한 일꾼이 참호에 떨어진 담배 한 개비를 주우려 살금살금 참호에 들어갔다. 그 때 참호 끝에 걸쳐져 있던 큰 돌이 머리에 떨어지는 바람에 그는 숨을 거두고 말았다. 담배가 얼마나 몸에 해로운지 잘 알겠지……

★ 파고 파헤친 정보

영국 요크에서 고고학자들이 로마 시대의 하수구를 발굴했다. 거기 뭐가 있었는지는 여러분도 충분히 짐작할 것이다! 그들이 화장실 근처에서 발견한 것은 로마 시대 때 죽은 똥파리와 곡식 벌레였다. 즉 곡물 가게의 쓰레기가 그 하수구로 흘러들었음을 말해 준다. 그 발굴 작업에 자원할 사람? 뭐, 그런 건 체질에 안 맞는다고?

사라진 전설에 대한 퀴즈

  고고학자들이 발굴 작업을 하면서 느끼는 짜릿함 중 하나가 옛날부터 전해 내려오는 전설을 확인할 수 있다는 것이다.
  다음 전설 중 어느 것이 참이고, 어느 것이 거짓일까?

1. 진흙탕 치료법

로마의 작가 아엘리우스 아리스티데스는 이런 글을 남겼다.

2. 죽음의 우물

  멕시코 치첸 이트사에는 인간 희생제에 쓰였던 고대 우물이 있다. 톨텍 족의 사제들은 아름다운 소녀들을 그 우물에 던져 물에 빠져 죽게 했다.

정답 :

1. 참. 아엘리우스는 이 치료법을 시도해서 몸 상태가 좋아졌다. 그러나 한 친구는 꽁꽁 언 몸을 녹여 주기 위해 목욕탕으로 데려가야 했다. 여러분도 한번 시도해 보면 어떨까?

고고학자들이 이 신전을 발굴하니, 아엘리우스가 묘사했던 것처럼 샘과 목욕탕이 발견되었다.

2. 거짓. 미국의 용감무쌍한 고고학자 에드워드 톰슨은 1909년 우물 안으로 뛰어들었다. 그는 고막이 터지는 고생을 감수했지만, 케케묵은 뼈 몇 개밖에 찾지 못했다.

결국 우물의 물을 모두 퍼낸 톰슨은 온갖 시대의 사람들이 우물에 던져졌다는 사실을 밝혀 냈지만 대부분은 톨텍 족들이 떠난 후의 것들이었다. 돌텍 족은 그들의 신에게 주로 보석을 바쳤다. 참, 놀라운 일이군!

그러나 몇몇 무시무시한 수중 현장들이 있다. 얼마나 무서운지 여러분은 차라리 죽음의 우물로 돌려보내 달라고 애걸하게 될걸! 얼어붙을 것처럼 차갑고 앞이 안 보이는 물 속과 물살이 여러분을 쓸어가고, 상어가 여러분을 아침식사로 먹을 바다 밑 말이다!

그럼 다음 페이지를 향해서 잠수해 볼까?

더듬더듬 수중 고고학

1879년 오도 블런델이라는 영국의 한 신부는 고무 옷과 무거운 금속 헬멧을 뒤집어쓰고서 고무 튜브로 숨을 쉬면서 스코틀랜드의 한 호수 속으로 들어가 보기로 했다.

이 신부는 수중 고고학의 선구자였다. 수중 고고학이란(놀라서 기절하지 말도록) 물 속에서 고고학을 하는 것이다! 아니, 벌써 알고 있었다고?

그렇군, 하지만 흠뻑 젖은 수중 고고학에 관해 시시콜콜 알지는 못할걸?

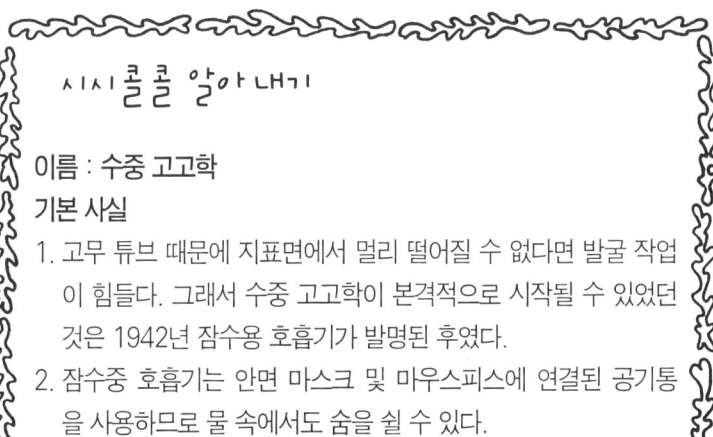

시시콜콜 알아내기

이름 : 수중 고고학
기본 사실
1. 고무 튜브 때문에 지표면에서 멀리 떨어질 수 없다면 발굴 작업이 힘들다. 그래서 수중 고고학이 본격적으로 시작될 수 있었던 것은 1942년 잠수용 호흡기가 발명된 후였다.
2. 잠수중 호흡기는 안면 마스크 및 마우스피스에 연결된 공기통을 사용하므로 물 속에서도 숨을 쉴 수 있다.

시시콜콜한 사실

오도 블런델은 1,500년 전의 인공 섬 주거지, 이른바 호수 위에 지어진 주택이 가라앉아 있는 유적을 연구했다. 폭풍이 일던 날, 오도는 호수 괴물이 자신을 쫓아오는 것 같았다. 하긴, 호수의 조스도 아주 위험할 테니까! 그는 너무 무서운 나머지, 잠수를 그만 두기로 했다. 네스 호의 괴물을 생각하면 현명한 판단이었다.

이상한 단어들

> **정답 : 1. 그렇다.** 그래서 아직까지 그 운동기가 아니다. 고고학자가 많은 수중 에어리프트(airlift)란 기중을 이용해서 다른 곳으로 장비의 파이프를 통해 옮겨 쓴다. 파이프는 기계이다. 아직에 특수 한 배에 연결되어 있어서 파이프로 빨려들어온 흙이 잘려 볼 수 있다. **2. 아니다.** 표류 하시(prop wash)는 배의 프로펠러에 연결되어 수중의 개펄을 파서 물의 흐름을 바꾸어 개뻘 속에 묻혀 있는 진품을 찾아 내는 데 쓰인다.

꼭 있어야 할 장비

그럼 준비가 철저한 수중 고고학자가 되기 위해서는 어떤 것들이 필요한지 알아보자.

공기를 채운 주머니와 무거운 유물을 띄워 올리기 위한 그물

수중 호흡기

푸아푸아!

수중 카메라

고무 잠수복(잠수복 속에 들어간 차가운 물이 체온으로 데워져서 몸을 따뜻하게 해준다.)

기록할 때 쓸 방수 종이와 방수 필기 도구(보통 종이는 물 속에 들어가면 젖어 버린다. 내 말 믿지 못하겠거든 욕조 안에서 숙제해 보도록.)

출렁출렁 물 속 퀴즈

　수중 고고학은 무슨 사업처럼 철저한 계획과 조직이 필요하다. 아래 그림과 같은 매력적인 난파선을 탐험하는 데 필요한 단계별 계획을 소개하겠다.

　여러분이 할 일은 다음 단계들을 순서에 맞게 배치하는 것뿐이다.

c) 난파선이 있는 현장에 바둑판처럼 기준선망을 그린다.

d) 수중 레이다와 자기측정계를 이용해 난파선의 위치를 지도로 작성한다.

e) 난파선에 관한 정보와 침몰한 시기를 알아 내기 위해 오래된 기록들을 찾아본다.

정답 :

올바른 조사는 e), b), d), c), a) 이다.

1. e) 먼저 난파선 관련된 유식 자료를 찾아서 훑기 왕어야 한다. 신중히 진행

곤란한 문제들

  수중 고고학은 근사하고 재미있을 것 같지만 실제로는 힘들고 위험한 일이다. 일이 잘못되는 경우가 많은데, 그 가운데 몇 가지만 예를 들어 보겠다.

1. 수중 고고학에는 만만치 않은 돈이 든다. 우선 온갖 잠수 장비를 사거나 빌려야 하고 물에 들어갈 지점까지 타고 나갈 배도 빌려야 한다. 그리고 현장에 도착했을 때 폭풍우가 친다거나 물 속에 위험한 해류가 통과할 수도 있다. 만약 그렇게 되면 무모하게 물 속으로 뛰어들어 그 값비싼 장비들을 가동할 사람은 아무도 없을 것이다.

2. 때로는 물이 시커먼 진흙 뻘이라 잠수부들이 아무것도 보지 못할 수도 있다. 중국의 닝보 앞바다, 황해에 침몰한 난파선에서 작업하던 고고학자들은 아무것도 보이지 않아 손을 더듬어가며 수많은 유물을 찾아냈는데, 28톤에 이르는 중국 동전도 포함되어 있었다. 흐음, 적어도 버스비 낼 돈은 충분했겠는데.

3. 물 속 깊이 잠수할수록, 공기 중의 질소가 우리 몸의 혈액 속에 더 많이 쌓이게 된다. 그런데 잠수부가 수면 위로 너무 빨리 올라오면 질소가 공기 방울을 이루면서 혈관을 막아, 죽을 수도 있다. (이런 상태를 '공기색전증'이라고 한다.) 바다 깊은 곳에서 안전하게 올라오는 방법은 딱 하나, 아주 천천히 올라오면서 산소를 마심으로써 몸 안의 질소를 없애는 것이다. 여러분은 잠수가 신나는 일인 줄만 알았지?

이왕에 위험하다는 얘기가 나왔으니 다음 이야기를 읽어 보도록. 잠수용 호흡기에서 뽀글뽀글 숨 넘어가는 소리가 날 테니까.

죽음의 동굴

1991년 프랑스 마르세유

앙리 코스케에게는 비밀이 하나 있었다. 너무 엄청나고 놀랍고, 너무 위험한 비밀이라 혹시라도 그것을 알게 된 사람들은 죽을 수도 있었다. 어쩌면 최악의 일이 벌써 일어났는지도 모른다. 이제 비밀을 털어놓을 시간이 다가왔다.

"아무 소식 없어? 좋아, 뭔가 찾아냈다는 보고를 받게 되면 나한테 전화해." 해안 경비대장은 전화기를 내려놓으면서 욕을 해댔다. 그는 심호흡을 하고는 앙리를 쳐다보았다.

"코스케 씨, 나한테 뭔가 할 말이 있는 모양인가 본데. 실종된 잠수부들과 관계 있는 거겠죠? 그렇다면 빨리 얘기하시오, 그들을 찾느라 정신 없이 바쁘니까, 하지만……."

앙리가 조용히 입을 열었다. "간단히 얘기하지요. 그 사람들이 있는 곳을 알 것 같습니다."

"안다고? 어디, 말해 보시오. 그게 어디요?"

앙리가 손을 들어올렸다. "유감이지만 그 잠수부들은 죽은 게 거의 확실합니다."

해안 경비대장은 한숨을 짓더니 고개를 끄덕였다.

"그럴 줄 알았소! 지금쯤 산소가 다 떨어졌을 테니까. 당신이 아는 것을 빠짐없이 얘기해 주시오."

앙리는 머뭇거렸지만 이야기를 처음부터 시작해야 한다는 것을 잘 알고 있었다. 다른 방법이 없었다.

"6년 전 저는 모르기쉬(Morgisu) 곶 근처에서 잠수를 하다가 지하 동굴의 입구를 발견했습니다."

"그 얘기를 아무한테도 안 했겠군요?"

"네, 그 동굴은 터널의 미로였습니다. 그 안에 들어갔다가 길을 잃고 산소가 다 떨어진다면……."
앙리는 말을 멈추려 애쓰면서 곰곰이 생각했다. 어쩌면 그는 이 모든 사태에도 불구하고, 이 비밀을 지킬 수도 있었다. 단어를 신중하게 쓰는 게 나을 것이었다.

"그런데 … 다른 사람들한테 말하는 건 너무 위험하다고 생각했습니다. 사람들이 거기 갔다가 죽을 수도 있었으니까요."

경비대장은 짜증스럽다는 듯 그의 말을 가로챘다.

"그러니까 실종된 사람들이 거기 갔을 수도 있다는 거로군. 당신은 이제 우리한테 그 동굴을 보여 주겠다는 거고. 맞소?"

대답을 들을 겨를도 없이, 경비대장은 수화기를 들고 번호를 누르기 시작했다.

"바로 여기입니다!" 앙리는 해안 경비대 보트의 엔진 소리에 묻히지 않게 목소리를 높였다.

디젤 엔진이 바람을 내뿜으면서 소리가 잦아들자 파도가 석회암 절벽에 부딪쳐 부서지는 소리가 들려왔다. 수심은 깊어 보였고 물은 검푸른 색이었다. 앙리와 다른 두 남자는 잠수하기 전에 마지막 점검을 마쳤다. 그리고 배 옆구리에서 첨벙 소리를 내며 입수하고는 앙리가 앞장서는 가운데 물 속을 헤엄쳐갔다.

수면의 파도 소리는 마우스피스에서 폭발하듯 솟아나는 공기방울 소리에 묻혀 아무것도 들리지 않게 되었다. 하얗게 내리쬐던 햇빛은 어슴푸레한 푸른색으로 바뀌었다. 그리고 갑자기 그것이 나타난다. 그는 바위의 갈라진 틈새를 가리켰다.

그 안에서 그들이 무얼 발견하게 될지 생각하자, 앙리의 가슴이 마구 뛰기 시작했다.

그는 전에도 여러 번 이곳에 온 적이 있었다. 예전 모습 그대로였으면 좋으련만! 세 남자는 손전등을 붙잡고 입구 속으로 들어갔다. 동굴 안은 어두웠고 물이 출렁일 때마다 피어오르는 진흙 구름이 손전등 불빛을 삼켜 버렸다. 터널은 구불구불해서 길을 잃기 십상이었다. 앙리는 실종된 잠수부들을 생각하며 몸서리를 쳤다. 그런데 다음 순간 그들이 보였다.

그의 손전등 불빛에 두 사람이 술 취한 사람처럼 컴컴한 물속에서 흔들리고 있었다. 잠수부들은 죽어 있었다. 길을 잃었다가 산소를 다 써 버린 것이다. 그들이 마지막 순간에 느꼈을 공포와 숨막히는 두려움. 앙리는 그것을 생각하지 않으려 애썼다. 이제 사람들은 궁금해할 것이다. 많은 사람들이 이곳을 찾아오면, 머지않아 이 동굴의 비밀이 밝혀질 것이다.

앙리는 다른 일행에게 따라오라는 신호를 하고 죽은 사람들 옆을 미끄러져 갔다. 그는 그들의 초점 없는 눈과 싸늘한 손에서 애써 눈을 피했다. 통로 끝의 암벽 사이로 틈이 나 있었다. 막다른 길처럼 보였지만 그 틈새는 또 다른 통로로 연결되어 있었다. 너무 좁아서 뱀장어처럼 꿈틀거리면서 지나야 할 것 같았다. 아주 긴 시간이 흐른 것처럼 느껴졌을 때 갑자기 숨이 멎을 듯한 바다 밑 풍경이 눈에 펼쳐졌다. 어둠 속에서 단검처럼 매달려 있는 종유석들이 앙리의 눈에 들어왔다.

그곳은 물에 잠긴 동굴이었던 것이다.

동굴 천장 가까이에서 빛이 물결치고 있었다. 앙리는 그쪽으로 올라갔다. 그는 수면 위로 얼굴을 내밀고 마스크를 벗고서, 바다 밑에서 1만 년 동안 갇혀 있던 차가운 공기를 깊이 들이마셨다. 그런 다음 동굴 벽을 따라 손전등을 비추었다. 그를 따라서 나온 일행들은 놀라움에 입을 다물지 못했다. 놀라서 숨도 제대로 쉬지 못하는 것 같았다. 한 사람이 말했다.

"정말 믿어지지 않아!"

살아 있는 듯한 야수들이 벽에 그려져 있었다. 황토색과 빨강색으로 그려진 커다란 황소 한 마리가 등을 구부리고 있었다. 말들은

앞발을 들거나 뒷발을 들고 뛰어오르고 옆구리에 창이 박힌 바다표범 한 마리가 몸을 뒤틀고 있었다. 무엇보다 이상한 것은 인사하듯이 손을 들고 있는 사람이 었는데 윤곽선이 피처럼 붉었다. 어제 막 그려 넣은 것인지도 몰랐다.

이것이 앙리가 숨겨두었던 왕국이었다. 가라앉은 2만 년 전의 화랑. 앙리는 하루가 멀다 하고 이곳에 와서 아름다운 그림 속 동물들을 보면서 실컷 눈요기를 했던 것이다. 그러나 다른 사람들에게 이곳을 보여준 이상, 이제 그 황홀한 마법은 깨져 버렸다. 앙리는 서운함을 느꼈다. 이 마법의 장소는 더 이상 비밀이 아니기 때문이다.

그런데 그 그림들이 진짜였을까? 여러분 생각은 어떤지?
a) 말도 안 되는 소리다! 잠수 장비도 없었던 석기 시대 사람들이 그 동굴에 들어갈 수가 없다. 앙리 코스케는 재능 있는 화가였으며, 그가 재미 삼아 동물들을 그린 것이다.
b) 석기 시대 사람들이 수중 잠수를 시작했다. 고고학자들은 그들이 돼지 방광에 공기를 채워서 그걸로 숨을 쉬었을 거라고 생각한다.
c) 그 동굴은 원래 육지에 있었는데 해수면이 높아지면서 물에 잠기게 된 것이다. 벽화는 바다 밑의 공기 속에서 완벽하게 보존되었다.

> **옹알**: (ᄀ) 오늘은 고고학자들과 바늘바늘의 발견물들을 살펴볼 거야. 상당히 놀라운 물건들을 발견하곤 한단다.

바들바들 발견물들

1. 수중 고고학자들은 놀라운 물건들을 발견하곤 한다. 1970년대에 잠수부들은 350년 전에 침몰한 영국 선박 메리 로즈 호를 발굴하다가 나무로 된 물건들을 많이 발견했다. 그 가운데에는 외과 의사들이 환자의 다리를 잘라내기 전 환자를 기절시킬 때 쓰던 나무 망치도 있었다.

2. 한 잠수부는 어느 선원이 식사하던 포크를 발견했다. 고기가 썩어서 구역질날 정도였는데 나중에 그 잠수부의 몸에서 지독한 악취가 나서 다들 그 옆에 앉기를 꺼렸다고.

3. 목재 유물들은 늘 골칫거리이다. 나무가 마르면 오그라지면서 갈라지고 부스러져 가루가 되어 버리기 때문이다. 원래대로 보존하는 방법은 물과 화학약품 속에 몇 달, 또는 몇 년씩 담가

두는 것이다. 목재를 보호하기 위해, 메리 로즈 호의 잔해는 바다 밑에서 인양된 뒤 몇 년 동안 물을 적셔야 했다.

4. 1961년에는 침몰된 지 300년이 넘는 스웨덴 선박 바사(Wasa) 호가 인양되었는데 선체가 완전했다. 다 해체되어 버린 14,000여 개의 목재들만 아니었다면 말이다. 여러분이라면 흩어진 목재들을 목매달고 다시 조립하는 일은 안 하겠지?

★ 파고 파헤친 정보

메리 로즈 호는 현재 영국의 포츠머스에 가면 볼 수 있으며 바사 호는 스웨덴의 스톡홀름에서 일반에게 전시되고 있다.

수중 고고학에 관한 소식

수중 고고학은 힘들고 어렵다. 그러나 섬뜩한 장면들이 지나치게 많이 나오지는 않을 것이다. 시체들은 바다 생물에게 먹힐 것이고 뼈들은 썩을 것이다. 그러나 육지에서는 고대의 시체들이 꽉 들어차 있는 무덤들이 많다.

그 어떤 것도, 다음에 나오는 무시무시한 이야기보다 무서운 것은 없다.

자, 죽음의 무덤에 온 것을 환영한다!

무시무시한 무덤들

죽은 시체를 위해 엄청나게 큰 무덤을 짓는 것은 좀 이상한 일이 아닐까? 내 말은 거기에 누가 살 건데 그렇게 큰 집을 짓느냐 하는 것이다. 큰 무덤을 지어 줘서 시체들이 고맙다고 할까? 구덩이를 파서 그냥 묻으면 왜 안 될까? 그게 훨씬 간단할 텐데!

어쨌든 유물을 찾는 고고학자들은 사람들이 죽은 사람을 존귀하게 대하는 것에 대해 고맙게 여기고 있다. 옛날 사람들은 대부분 죽은 뒤의 세계가 있다고 믿었다. 그래서 필요한 물건들을 조금씩 가져가야 한다고 생각했다. 그래서 음식이나 옷, 무기, 특별히 하인들을 죽여서 같이 묻기도 하고, 애완동물도 같이 보냈을지도 모르지.

★ 파고 파헤친 정보

아, 그럼. 그건 사실이다. 가족의 애완동물을 죽여 무덤에 같이 묻는 일은 흔했다. 실제로 이스라엘의 1천 2백 년 된 무덤에서는 강아지가 발견되기도 했다. 뭐, 개 같은 소리하지 말라고?

시시콜콜한 사실들

1. 관을 놓는 상자(보통은 돌로 만든다)를 유식하게 말하자면 석관, 영어로는 'sarcophagus'(사코퍼거스)라고 한다. 이 영어 단어는 '살을 먹는 돌'이란 그리스어에서 비롯된 것이다. 고대 그리스인들은 썩어가는 시체가 이 돌에게 야금야금 먹힌다고 생각했던 것이다. 뭐? 돌아 버리겠다고?

2. 전 세계에서 고대 무덤들이 가장 많이 모여 있는 곳은 이집트 테베의 네크로폴리스이다. 굉장히 넓은(면적이 9km²를 넘는다) 지역에 걸쳐 고대의 시체들이 널려 있다. 그런데 공동묘지를 뜻하는 네크로폴리스(necropolis)는 그리스어로는 '죽은 자들의 도시'란 뜻이다. 여러분이 궁금해 할까 봐 일러주는 거다.

3. 실제로 생매장 당했던 사람들도 더러 있었다! 고고학자 조지 라이스너는 아프리카 수단에서 무덤들을 발굴했는데, 거기 놓인 유골들은 산 채로 묻혀서 질식해 죽은 듯한 자세로 있었다. 한편 바깥에서 발견된 음식 찌꺼기로 판단해 보건대, 추모객들

은 모여서 식사를 하고 있었던 것 같다.

뭐, 초상집 음식이 맛도 좋은 법이라고?

최고의 무덤들

 **섬뜩하게 죽여 주는 장의사**
(너무 큰 것은 장담하지 못함)

고객 여러분.

섬뜩하게 끝내 주는 장의사의 초호화 무덤 안내서를 요구해 주신 데 감사 드립니다. 여러분은 분명 안목이 높고 취향이 고귀하며 돈이 많은 분이실 것입니다. 여러분의 행복한 사후 생활을 위해 필요한 모든 것이 여기 있습니다. 그럼 고고학적 발견에 근거한 최신 디자인을 음미하시면서 숨을 거두시기 바랍니다.

(여러분의 충직한 종
사망한 올림)

덧붙임 불만을 토로했던 고객은 한 명도 없습니다.

초 호화판 무덤 안내서
이 세상에서 가장 훌륭한 무덤
(저 세상에서도 가장 훌륭할 것입니다)

웅대한 둔덕

(18세기까지 미국의 남동부와 중서부 원주민들의 무덤 형식입니다.)

둔덕 위에 여러분의 집을 지으세요(전망이 좋습니다).

여러분이 죽으면 집은 불태워지고, 여러분은 그 둔덕에 묻힙니다.

모두가 축제를 즐깁니다(여러분만 빼고요).

가족들은 여러분과 사후 세계로 같이 떠날 하인 몇 명을 목 졸라 죽입니다. 여러분이 둔덕 안에 박혀 지내기가 무척 따분할 수도 있으니까요.

호화로운 저승 유람선

개인 요트를 갖고 싶다구요? 그 안에 묻히는 건 어떨까요? 노르웨이의 곡스타드(Gokstad) 선을 본뜬 것입니다. 단 묻힐 때는 여러분의 무기와 소중한 물건들을 모두 챙겨 와야 합니다. 집 열두 채와 개 여섯 마리, 공작 한 마리는 기본이죠.

우르 스페셜

(기원전 2,700년 이라크 우르의 무덤을 본뜬 것임.)

바위를 파서 만든 이 무덤 바깥에는 여러분의 하인과 수레, 황소 등등이 들어갈 방 여러 개가 있습니다.

여러분과 가장 친한 친구들을 산 채로 무덤 속에 가둘 수 있습니다. 그들은 여러분과 함께 죽어갈 것입니다! (공기가 떨어질 때까지 기다린다는 게 힘든 일이므로 친구들에게 독을 먹이는 게 좋습니다.) 모든 하인과 황소 등을 한 줄로 세우고 하인들에게 독을 마시게 합니다(그들에게 같이 쓰러져 죽을 사람이 많다고 말하십시오). 그리고 모든 것들을 묻습니다. 아뿔싸, 깜빡 잊을 뻔했군요. 다른 사람을 시켜 황소들을 죽이게 합니다. 장례식에서 장송곡 대신 '음메음메' 소리가 나는 건 바라지 않으시겠죠!

진짜 화려한 진나라식 무덤

　유감스럽지만 섬뜩하게 끝내 주는 장의사도 특별 주문을 받아야만 이 무덤을 제작할 수 있습니다. 이 무덤의 주인이 되실 분의 자격은

　1. 백만장자이거나,

　2. 중국의 황제여야 합니다.

　그리고 선불 현금 결제만 가능합니다. (그 돈을 가지고 가실 수는 없겠지요.)

　최고의 사후세계를 경험하십시오!

　70만 명의 장정이 20년 걸려야 만들 수 있는 거대한 능. 능 주변으로는 5킬로미터의 담이 둘러져 있습니다.

　굉장히 널찍한 무덤 안에는 거대한 중국 지도를 설치했으며 그 안에 있는 강과 바다는 수은으로 되어, 진짜 흐르게 만들었습니다.

　85명의 일류 미술가들이 실제 인물을 모델로 한 7천 명의 병사들을 흙으로 빚어냅니다. 여기에 100기 이상의 전차와 흙으로 빚은 600마리 말이 추가됩니다.

최첨단 비밀 장치

도굴꾼이 들어오면 숨겨진 석궁이 발사됩니다.

주의 : 이 무덤은 아직까지 다 발굴되지 않았기 때문에, 옛날 문서들만을 근거 자료로 삼았습니다. 중국 고고학자들에 따르면, 이 무덤은 너무 중요해서 서둘러서 발굴해서는 안 된다고 합니다. 그러나 소문에는 이들이 죽은 황제의 유령과 맞닥뜨릴까 봐 겁나서 그런다는군요!

액세서리는 이렇게

사후세계에서 입을 게 없으시다고요? 낙심하지 마세요. 세계 곳곳의 옷 잘 입는 시체들이 입는 것과 똑같은 장례 의상 중에서 골라 보세요!

파칼의 가면

1,300년 전 마야의 통치자 파칼 대제가 썼던 것처럼 옥을 모자이크해서 만든 가면으로 인공 눈알까지 붙어 있습니다.

주의 : 옥은 시체의 습기를 보존해서 사후세계에서 살아 돌아오는 걸 도와줍니다. 그리고, 옥은 건강에도 좋다고 하지요? 건강과 품위를 동시에!

옥의

옥 가면이 맘에 드셨는지? 2천 년 전 중국에서 만든 옥으로 된 수의는 수천 개의 옥 조각을 다듬은 뒤 금 철사로 꿰어 만든 것으로 여러분 맘에 드실 겁니다.

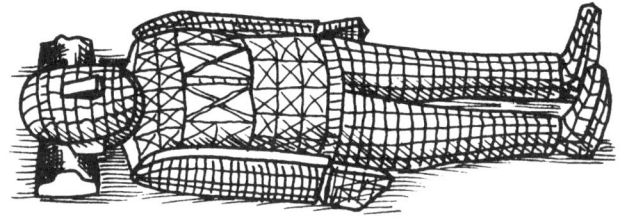

신사용 수의는 후한 황제의 형인 유승을 위해 만든 것입니다. 숙녀용 수의는 그의 아내인 도원을 위해 만들었죠.

주의 : 옥의 한 벌을 만들려면 솜씨 좋은 장인이 10년을 꼬박 매달려야 합니다. 그러니 미리 주문하시는 게 좋습니다.

납으로 만든 관

중세 시대에 인기가 좋았던 관이다. 납 관은 공기를 차단시키는 기능이 뛰어나므로 썩어가는 시체에서 나온 기체들이 빠져나가지 못합니다. 만약 누군가 관을 열라치면 그 기체가 공기와 섞여 폭발하게 됩니다. 그 침입자는 질척하고 역겨운 곤죽을 뒤집어쓰겠죠?

물론, 여러분이 어쩌다 죽은 황제나 파라오가 된다면 거대한 둔덕이나 죽은 하인들, 납 관이나 옥으로 만든 수의보다 더 큰 걸 바랄 것이다. 여러분은 이승에서 사용하던 사치스런 물건들을 모두 저승으로 가져가고 싶어할 것이다. 여기 우리가 발굴해 낸 고대 이집트의 문서 하나를 소개하겠다. 어쩌면 위조 문서일 수도 있지만……

투탕카멘 왕의 유언

1. 투탕카멘은 이에 명령하나니, 내가 죽으면 다음과 같은 품목들을 같이 묻도록 하라.
- 내가 아끼는 오래 묵은 포도주(끄윽!) 단지 몇 개.
- 내가 입던 모든 옷과 내가 쓰던 가구들(내 왕좌도 빠뜨리지 말 것).
- 수백 명의 시종 인형들(내세에서 그들이 살아나서 나의 시중을 들어 줄 것이다).
- 나의 조각상(뭔가 아름다운 볼거리가 있다는 건 좋은 일이다).
- 내가 쓰던 지팡이들(무덤 주변을 거닐고 싶을 때가 있을지 모르니까).
- 더울 때 사용할 부채.
- 흥미진진한 읽을거리(나를 이 세상으로 불러올 마법의 주문이 담긴 책들)
- 나의 보석들.
- 맛있는 먹을거리들(죽은 채로 있으려면 괜히 식욕이 당길 수 있을 테니까).
- 장미 한 상자(어쩌면 취미 삼아 꽃꽂이 배우고 싶어질지도 모르니까).
- 우리 할머니의 머리카락 한 타래(궁전을 샅샅이 뒤져서라도 반드시 찾아내도록).

사람들은 고대 이집트의 무덤을 이야기할 때 아름다운 벽화라든가 엄청난 보물들, 신비스러운 미라를 상상하기 쉽다. 그러나 꿈 깨시라!

사실, 고고학자들은 운이 좋았다. 투탕카멘의 무덤에서 나온 대부분의 유물이 잘 보존되어 있었으니까. 여러분도 곧 알게 되겠지만, 이집트의 무덤은 소름끼칠 만큼 기분 나쁠 수도 있다.

이집트에 있는 KV5호 무덤에는 하수처리용 정화조로 이어진 하수관이 뚫고 지나갔었는데, 불결한 오물들이 새어나오곤 했었다. 그렇지, 고고학자들은 그 오물들 사이를 기어서 무덤으

로 들어가야 했었다. 이 무덤 주인 이름이 혹시 '시커맨'이 아니었을까?

이집트의 의사 아브델 라티브는 1,200년 당시 기자의 피라미드는 박쥐 똥으로 가득했다고 했다. 그는 악취가 너무 심해서 기절하고 말았다.

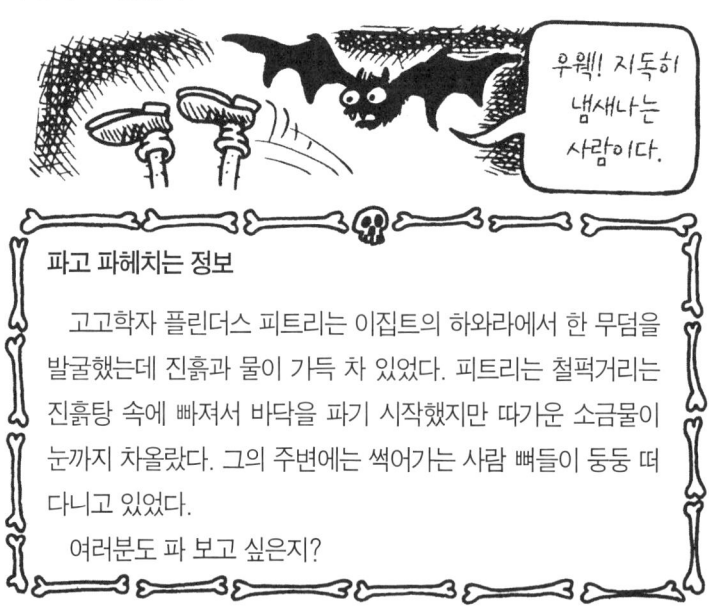

파고 파헤치는 정보

고고학자 플린더스 피트리는 이집트의 하와라에서 한 무덤을 발굴했는데 진흙과 물이 가득 차 있었다. 피트리는 철퍽거리는 진흙탕 속에 빠져서 바닥을 파기 시작했지만 따가운 소금물이 눈까지 차올랐다. 그의 주변에는 썩어가는 사람 뼈들이 둥둥 떠다니고 있었다.

여러분도 파 보고 싶은지?

어떤 고고학자들은 이런 곳에서 몇 년씩 일하면서 작은 유물을 찾기 위해 열심히 흙을 치우고 돌멩이들을 체로 친다. 그리고 온갖 보물들과 오래 전 도둑맞은 미라까지 찾아낸다.

확실히 이런 일에는 억세고 끈질긴 고고학자들이 필요하다. 최초로 고대 무덤을 탐험했던 사람 중에는 상상을 초월할 정도로 무지막지한 사람이 있었다.

무덤 속의 무지막지한 남자

이탈리아 출신의 벨초니는 고고학에서 커다란 발자취를 남길 사람이었다. 하긴, 신발을 벗은 그의 키가 2미터였으니 발도 굉장히 컸지. 그러나 그의 초기 생애는 과거 연구와는 아무런 상관이 없었다. 그는 서커스에서 한꺼번에 22명을 들어올리는 묘기를 하며 살아갔다.

그가 이집트에 간 것은 이집트 정부에 물을 들어올리는 수차를 팔기 위해서였다. (수차는 햄스터 바퀴와 비슷하게 생겼는데 다른 점은 햄스터 대신 소가 움직이는 것이다. 물론 벨초니는 들어올리는 데에는 일가견이 있었지.) 그러나 새 기계의 실험은 참담하게 끝났다. 한 소년이 소가 하는 일을 인간도 할 수 있다는 걸 보여주려고 했는지, 그의 다리를 부러뜨렸기 때문이다.

어쨌든 한 영국인 외교관이 벨초니에게 돈을 주며 거대한 고대 석상을 들어올려 영국으로 운반하게 했다. 그는 그 석상을 배달하며 가슴속에서 뭔가 큰 것을 느낀 게 분명하다(사실 그는 석상을 등에 지고 나른 건 아니었거든). 이 무렵 벨초니는 베르나

르디노 드로베티를 만나 으르렁거리는 앙숙이 되었다. 이들의 경쟁 관계는 얼마나 흥미로운지 허리우드 영화로 만들어도 재미있을 정도였다. 어쨌든, 내가 그 영화 대본을 다 써놓았으니 영화가 나오는 것도 그리 먼 얘기는 아닐 것이다. 대부분의 허리우드 블록버스터와는 달리 이 영화의 내용은 모두 사실이다. 다만, 내가 꾸며낸 대사도 더러 있다.

꼬질꼬질 고고학 프로덕션 배급
무시무시 무덤 레이더스
온 가족을 위한 초호화 액션 코미디 호러 스릴러!

무시무시 무덤 레이더스 대본
장면 1 : 이집트의 한 유적 (사막의 야자수들, 모래 벌판 등등)
벨초니가 일꾼들에게 소리치고 있다. 일꾼들은 거대한 파라오 머리 석상을 옮기고 있다.
벨초니 : 이보게들, 젖 먹던 힘까지 다 내라고. 우린 할 수 있어! 고국의 사람들이 이걸 볼 때를 생각하고 참으라고!
일꾼들 : 영차, 영차, 끙끙!

이것은 허리우드 영화이므로 주인공 벨초니 역은 미국 배우가 멋진 영어로 연기하게 될 것이다(진짜 벨초니의 말투는 이탈리아 억양이 강했다.) 드로베티는 악역이므로 잘 알아들을 수 없는 외국 억양을 쓴다.

(드로베티 등장--한눈에 악당임을 알아볼 수 있게 우스꽝스러운 콧수염을 하고 있으며, 악한 인물의 복장으로 잘 쓰이는 검은 망토를 입고 있다.)

드로베티 : 제기랄! 나의 계획이 실패한 모양이로군! 저 파라오 머리에 눈독을 들인 것은 나인데, 저 벨초니가 선수쳐서 영국으로 보내고 있다니! 벨초니를 막기 위해서 이집트 관리들한테 뇌물을 바쳐가며 막아달라고 부탁까지 했는데… 실패하고 말았군!

벨초니 : 드로베티, 자네는 날 막지 못해! 난 신전들도 찾아내서 떼돈을 벌고 말 거야!

드로베티 : 벨초니! 그건 자네 생각이지! (사악한 웃음을 웃는다.)

장면 2 : 카르나크 신전(모래가 많은 가운데, 주변에 고대 미라들이 누워 있다.)

스크린에 자막 : 카르나크 신전 (벨초니 등장)

벨초니 : 세상에, 이렇게 웅장하고 멋진 유적이 있다니! 한 인간이 얼마나 작고 보잘것없는 존재인지 느끼게 해 주는 것 같아!

(벨초니가 걸어다니다가 '쿵' 하고 넘어진다.)

벨초니 : 아이쿠! 하마터면 코가 깨질 뻔 했네! 아니, 내가 미라 위에 쓰러져 있잖아! 이런, 이 미라의 먼지가 코로 들어가겠는걸. 다행이야, 내가 냄새를 못 맡으니 망정이지! 에에취! 아아, 목이 따끔거리는군!

(드로베티 등장)

드로베티 : 벨초니, 일을 하다 말고 뭐 하는 건가?

벨초니 : 난 아부 심벨 신전을 발굴했고 기자의 작은 피라미드로 들어가는 입구를 찾아냈어. 자네도 똑똑하다면 그만큼 해 보게나!

드로베티 : 나는… 그게……

벨초니 : 이것 봐, 지금 나는 고대 이집트 무덤의 보물들을 얻게 되었다고!

장면 3 : 한 무덤

(벨초니가 무덤 벽화를 보며 감탄하고 있다.)

벨초니 : 이곳은 왕의 무덤이 틀림없어! 도굴된 것 같아 아쉽긴 하지만 저 벽화들은 기가 막히게 세련되고, 이 석관은 엄청나게 크군!

(드로베티가 슬쩍 들어온다.)

벨초니 : 아니, 이게 누구신가. 드로베티 아닌가. 아직도 쓸데없는 도둑질이나 하고 다니시나?

드로베티 : 걱정 마시게. 난 훔쳐갈 생각이 없으니까. 자네는 내 축복을 받으며 이 관 상자를 가져갈 수 있을 거네.

드로베티 : (고개를 돌리며) 으흐흐, 벨초니는 이 관을 움직이지 못해서 바보 같은 표정을 짓게 될걸!

벨초니 : 정말 고맙네 친구. 그런데 파

일레에 있는 그 거대한 오벨리스크까지 내가 가져가도 괜찮겠나?

드로베티 : 하하, 자네가 원한다면 얼마든지!

장면 4 : 피라미드 옆으로 난 길

(드로베티가 힘상궂게 생긴 사내들에게 뭔가를 지시하고 있다. 모두 얼굴에 콧수염이 있다.)

드로베티 : 그 동안 벨초니의 계획을 무산시키려고 온갖 방법을 다 썼지만 녀석을 막지 못했네! 그는 도저히 움직일 수 없을 것 같았던 오벨리스크까지도 가져갔다. 크으, 우리는 녀석을 협박하여 꼼짝 못하게 만들어야 한다!

(그들은 급히 덤불 속으로 숨는다.)

(벨초니, 당나귀를 타고 등장한다.)

벨초니 : 이랴! 나귀야! 이랴!

당나귀 : 푸르르!

(드로베티와 일당들 뛰어나온다.)

드로베티 : 넌 이제 죽었다, 벨초니! 이제 그 당나귀에서 순순히 내려와라.

벨초니 : 이봐, 어떻게 된 거 아냐? 누구 좋으라고 이 당나귀에서 내린단 말이야?

(일당 한 명이 벨초니 뒤로 총을 겨눈다. 벨초니, 재빨리 당나귀에서 뛰어내린다.)

벨초니 : 좋아, 자네가 이겼네! 난 무기가 없어. 그래, 자네가 원하는 게 뭔가?

드로베티 : 당장 이 나라를 떠나서 다시는 돌아오지 마라.
벨초니 : 그러지, 어떻게든 여기를 떠나겠네. 하지만 내가 찾은 석관을 버려둔 채 떠날 수는 없어!
드로베티 : 좋아, 옮길 재주가 있으면 가져가라고, 하하!

장면 5 : 항구
(벨초니의 배가 돛을 올리고 있다. 벨초니는 갑판에 서 있고 그 옆에 석관이 보인다.)
벨초니 : 석관을 거기서 옮기는 건 어려운 일도 아니지. 내가 무거운 것을 좀 많이 들어봤나. 확실히 그런 과거는 도움이 된단 말이야. 이제 영국으로 가면 돈과 명예가 날 기다리고 있겠지!
(카메라가 해안에서 분을 삭이지 못하고 펄펄 뛰는 드로베티를 비춘다.)
드로베티 : 크으, 또 실패했어!
(카메라, 석양을 받으며 항해하는 배를 비춘다. 그 위로 타이틀, 음악, 크레디트 자막이 올라간다. 끝.)

그 다음은 어떻게 됐을까?

여러분이 들으면 기뻐할 얘기지만 벨초니는 자신이 발견한 물건들을 가지고 전시회를 열었다. 게다가 악당 드로베티는 그 친구들과 사이가 틀어져서 마침내 미쳐 버리고 말았다. 그런데 벨초니가 그 관 상자로 단 한 푼도 벌지 못했다는 이야기를 듣는다면 여러분은 실망할지도 모르겠다. 이집트 당국과 맺은 계약에 따라 벨초니는 이집트에 2천 파운드를 지불했는데, 나중에 정확히 2천 파운드에 팔렸던 것이다!

그리고 마지막으로, 벨초니가 서아프리카를 탐험하다가 죽었다는 사실을 알면 여러분은 정말 가슴이 아플 것이다. 그의 무덤에는 사람들에게 그곳을 어지럽히지 말아 달라는 글귀가 적은 푯말이 있었지만, 사람들은 신경쓰지 않았다. 하긴, 벨초니는 이렇게 말할지도 모르겠다.

"어차피 흥행업이란 그런 거죠."라고. (여러분은 이제 울어도 좋다. 이 책을 찢어서 코만 풀지 않는다면 말이다.)

알아 둬야 할 점

앞에 나왔던 대로, 체계적인 고고학이 등장하기 전에 옛날 유적을 파던 사람들은 보물을 찾는 사람들이거나 도굴꾼들이었다. 솔직히 벨초니는 단순한 도굴꾼이었으며, 그저 훔치는 물건에 관심이 있었을 뿐이었다. 그리고 이집트인들은 아주 옛날부터 무덤을 도굴해 왔다.

여러분도 도굴꾼이 되고 싶은 마음이 있는지? 그렇다면, 여러분에게 도움이 될 책 한 권을 소개하겠다. 그런데 도굴꾼들은 미신을 믿기 때문에, 이 안내서는 사람들 사이에 떠도는 민간전승을 근거로 씌어졌다.

무덤 도굴꾼들의 첫걸음

무덤 도굴이란 재미있고 돈도 벌 수 있는 취미이다. 그러나 지켜야 할 몇 가지 규칙이 있으며, 이를 어기면 심한 곤경에 처하게 된다.

규칙 1

오리 속에 악한 정령이 살고 있다는 건 잘 알려진 사실이다. 그러므로 오리를 따라 무덤에 들어가는 건 위험하다. 무덤 속에서 오리 안의 정령이 여러분 몸 안으로 들어올 수 있기 때문이다. 만약 이런 일을 당하면 무덤에서 도망쳐서 돌팔이 의사라도 찾아가는 것이 좋다.

규칙 2

무덤 속에는 위험한 전갈들이 산다. 전갈에게 물렸다면 상처를 째서 독을 빨아 내야 한다. 그리고 올리브 기름에 다진 마늘을 섞어서 마신다(꽃에 대고 숨을 내쉬었을 때 꽃이 시들면 여러분이 섭취한 마늘의 양이 충분하다는 뜻이다).

규칙 3

고대 이집트 시대에는 도굴꾼들을 붙잡으면 회초리로 발을 때리고 나사못으로 몸을 조이는 고문을 가했다. 그런 다음에는 뾰족한 말뚝에 꽂아서 죽을 때까지 내버려 두었다. 그러므

로 도굴꾼들이여, 조심하라. 여러분의 목숨이 위태로울 수도 있다. ← 여기를 조심할 것

규칙 4

무덤 속의 사악한 정령이나 저주를 피하는 주문을 반드시 외워야 한다. 아, 그리고 마법에 관해 얘기하자면, 여러분이 보물을 찾도록 도와줄 마법의 비방이 있다.

약간의 향료와 식물(사프란, 무화과, 구주콩나무 등)에 똥 약간과 사람의 피를 섞어 촉촉하게 한다.

이것을 굴려 환약을 만든다.

여기에 불을 붙이면 보물의 냄새를 잘 맡을 수 있게 된다(하다 못해 고약한 냄새라도 맡게 된다).

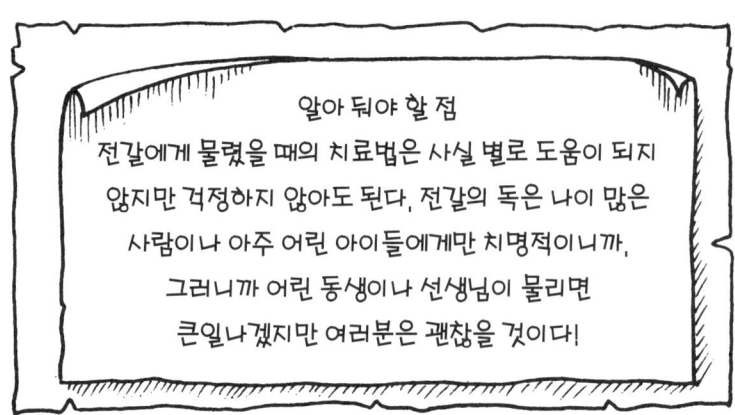

★ 파고 파헤친 정보

앞에 소개한 충고들은 대부분 『묻힌 진주들의 책』이라는 옛 이집트 책의 내용이다. 사실 이 충고들이 얼마나 쓸데없는 것이었는지, 1907년 고고학자 가스통 마스페로는 이 책을 싼값에 출판했다. 도굴꾼들이 이걸 읽더라도 무덤을 하나도 찾지 못할 거라고 생각했기 때문이지.

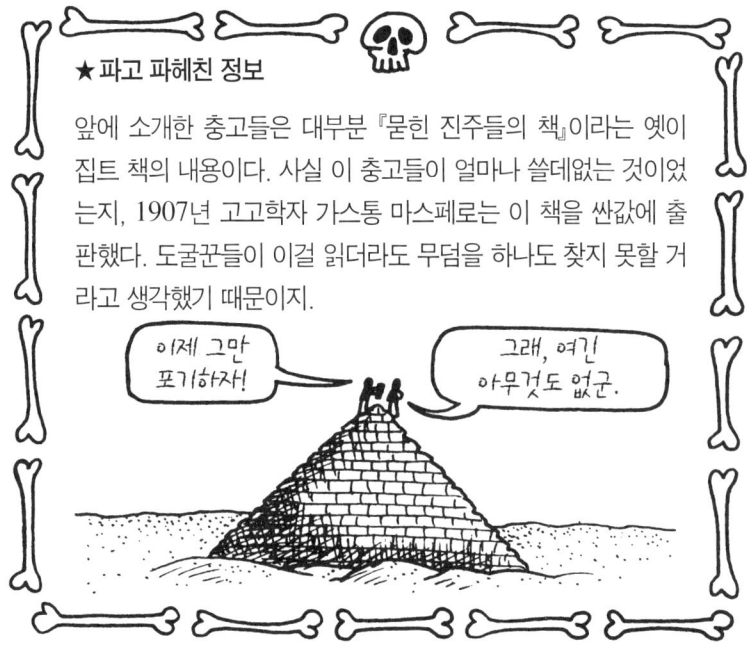

좀더 진지한 얘기를 하자면, 도둑들은 지금도 무덤에 몰래 들어가 보물을 훔쳐 돈 많고 탐욕스러운 수집가들에게 팔아 넘기곤 한다. 고고학 현장의 도둑들은 세계 곳곳에서 큰 문제를 일으키며, 그 건수도 늘어나고 있다. 1987년에 고고학자

월터 알바는 페루의 시판에서 막대한 보물을 발견했다. 한 도굴꾼이 동료 도둑들과 사이가 틀어진 뒤, 경찰에게 그 현장에 관해 털어놓았던 것이다. 그러나 고고학자들이 그곳에 도착할 무렵에는 도둑들이 득실대고 있었고, 경찰은 그들과 싸워야 했다.

무식한 무덤 도굴꾼

우리의 친구 하워드 카터가 한때 도굴꾼을 추적한 적이 있었다면 여러분은 믿을 수 있는지? 다음은 우리가 상상해 본 카터의 보고서이다. 과연 여러분도 똑같은 결론을 내리게 될까?

하워트 카터의 보고서

1907년

큰일났다! 어젯밤 아멘호테프 2세의 무덤에 도둑이 들었다. 보석을 찾던 도둑에 의해 미라의 붕대가 일부 풀려 있었다. 이건 중대한 범죄이다.

1. 그래서 카터는 어떻게 했을까?

a) 그 지역에서 일어났던 다른 범죄에 관해 확인해 보았다.

b) 미라에 폭탄을 장치해서 다음 번에 누군가 손을 대면 폭발하게 했다.

c) 거기 누워서 그 도둑이 돌아오기를 기다렸다

(정답 : a)

이 근처에 있는 어떤 무덤이 며칠 전에 모조리 약탈당한 적이 있으므로, 나는 단서를 찾기 위해 그곳을 살펴보기로 했다. 그리고 단서를 찾아냈다. 그 도둑은 무덤 입구의 자물쇠를 부순 뒤 수지와 작은 납 조각으로 자물쇠가 부서지지 않은 것처럼 만들어 놓았다. 똑같은 수법이 아멘호테프의 무덤에도 사용되었다. 아마 이 두 사건의 범인은 같은 사람이 틀림없었다. 범인은 프로였다. 나는 다른 단서를 찾기 시작했다. 그리고 발자국을 찾아냈다. 그 발자국은 무하마드 아브드 엘 라술의 집 쪽을 향하고 있었다. 그래, 그것이 수상했다. 모두들 그가 도굴에 끼어들었다고 수군대고 있다.

2. 카터는 어떻게 했을까?
a) 그 도둑의 집 문을 부수고 들어가 그를 고발했다.
b) 경찰을 불렀다.
c) 발자국을 사진 찍고 크기를 쟀다.

정답 : c) 그는 도굴꾼에 대해 명확한 증거를 얻으려고 했다.

나는 발자국의 크기를 재고 사진을 찍어 두었다. (그 동안 고고학자로서 익힌 기술이 요럴 때 쓸모 있단 말씀!) 그리고 미행 전문가를 고용해 그 발자국이 실제로 그 도둑의 집 문쪽으로 나 있는지 확인했다. 사실 경찰은 무하마드를 체포했지만, 그는 모든 혐의를 부인했다. 다행히 나에겐 사진과 발 크기가 있었

여러분이 발굴하고 있는 무덤이 아직 도굴된 게 아니라고 가정한다면, 그 안에서 시체를 발견하게 될 확률은 아주 크다. 그런데 우연의 일치일까, 여러분은 다음 페이지에서 시체 한두 구쯤 발견하게 될 것이다. 또 여러분은 고대의 시체들이 무엇을 입고 있는지, 그리고 그들의 내장 속에 무엇이 있는지도 알게 될 것이다.

경고 : 다음 펼쳐질 이야기들은 입맛을 뚝 떨어지게 만들 것이다. 여러분이 식인종이 아니라면 말이다!

죽도록 흥미로운 시체들

고고학자들은 고대의 시체에 큰 흥미를 가진다. 좀 섬뜩하고 소름끼치는 소리로 들리겠지만 시체들은 자신들이 어떻게 살았는지, 그리고 어떻게 죽었는지에 관해 많은 얘기를 들려 주기도 한다.

고대의 시체들 얘기가 나왔으니 말인데, 킬렘 학교에서는 그 동안 어떤 일이 벌어졌는지 먼저 알아보기로 하자. 고고학자들이 어떻게 옛날 학교의 유적을 발견하게 됐는지 기억하겠지? 그리고 고고학자들이 해골을 찾아낸 것도 생각날 테고. 그런데 최근 소식에 따르면, 그들은 그 해골 옆에 있던 유골 한 구와 세 구의 유골도 찾아 냈다고 한다!

그렇다면 우리도 가서 그 증거를 추적해 보자.

죽음의 학교

제 3부 : 증거로 나온 시체

"교수님이 유골을 찾아냈지만 전 하나도 놀랍지 않아요."

사만다가 명랑하게 말했다.

"제가 찾아낸 이 옛날 신문을 보면, 1790년에 그 학교에서 질병이 번져 학생 세 명이 죽었대요. 굉장한 소식이죠?"

"케빈, 저건 그냥 해골이야. 네가 고고학자라고 생각해 보렴. 그럼 저 해골이 흥미로울 거야."

헬가 리그비 교수는 몸을 숙여서 케빈을 달래 주었다. 케빈은 해골을 본 뒤 창백한 얼굴로 몸을 떨고 있었다.

케빈의 이가 딱딱 부딪쳤다. "네. 마, 맞아요, 교수님. 그게 채, 책 속에만 나오는 얘기라면 그렇죠. 사실, 저의 고, 고고학 채, 책에도 뼈에 관한 이야기가 나와 있어요."

"그럼 알았다, 케빈. 넌 조용히 앉아서 마음이 진정될 때까지 그 책을 읽는 게 좋겠구나. 네가 없어도 발굴하는 데에는 큰 지장이 없을 것 같으니까." 교수가 다정하게 말했다.

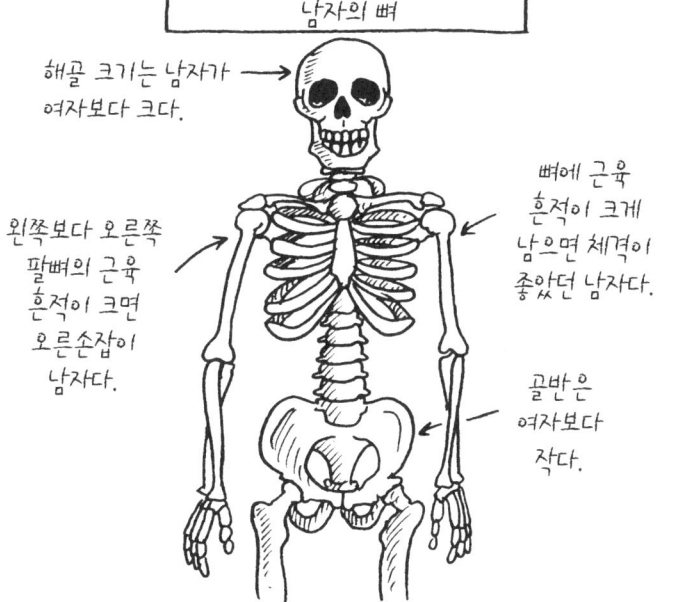

그리고 뼈를 통해 젊은 사람의 나이도 알아 낼 수 있다. 나이가 들수록 뼈의 끝 부분이 (어린이들은 서로 떨어져 있다) 뼈의 나머지 부분과 섞이기 때문이다.

"안녕, 케빈. 죽은 사람의 뼈가 정말 그렇게 무섭니?"
사만다가 물었다.
책을 읽다 고개를 든 케빈의 얼굴이 온통 빨갰다.
"꼭 그런 건 아니에요."
"좋아, 그렇담 가서 노먼 좀 도와주렴. 노먼이 무척 바빠서 그래. 난 나중에 돌아올 거야. 교수님이 신문사와 TV 방송국에 전화하라고 하셨거든."
케빈은 놀라서 눈이 동그래졌다.
"이야, 난 늘 텔레비전에 나오고 싶었는데."
그가 작은 목소리로 말했다.

메모
발신: 미크 영어 선생님
수신: 스나이프 교장 선생님

사람 유골이 발견된 일과 관련해 아주 예민한 학생들이 불안해할까 봐 걱정입니다. 상담 교사들을 불러모으고 일주일 간 학교문을 닫으면 어떨까요?

메모
발신: 스나이프 교장 선생님
수신: 미크 영어 선생님

어림없는 소리! 미크 선생, 교사가 봉급을 받는 건 학생을 가르치라는 거지, 학생들을 쉬게 하라고 받는 게 아니오! 애초에 이 발굴인가 뭔가를 못 하게 막았어야 하는 건데, 하지만 그러기엔 너무 늦었소.

한편 운동장에서는 그 예민하고 심약하다는 학생들이 해골을 보려고 몰려와 있었다.

	과학 숙제 작성자 클레어
	<u>DNA</u>
	DNA란 디옥시리보스 핵산(deoxyribose nucleic acid)의 약자로, 생물체의 세포 안에서 발견되는 물질이다. 내가 비디오로 본 교육 채널 프로그램에 따르면, DNA에 있는 화학물질의 배열이 우리 몸의 성장과 발달을 통제한다고 한다. 친척들 사이에는 DNA가 비슷하며, 고고학자들은 오래된 뼈나 이에서 DNA를 연구함으로써 죽은 두 사람이 같은 가족인지 아닌지 알아 낼 수 있다.
	A - 이번에도 참 잘 했어요!

한편 고고학자들은 작업을 계속해 나갔다. 훨씬 더 무시무시한 비밀을 밝히게 되리란 건 거의 알지 못한 채…….
(다음에 계속…….)

킬렘 학교의 유골들은 그저 사람의 뼈일 뿐이다. 그것은 고고학자들이 오랜 무덤이나 전쟁터를 발굴할 때 발견하게 되는 것들이다. 그렇다고 해서 늘 그런 건 아니다.

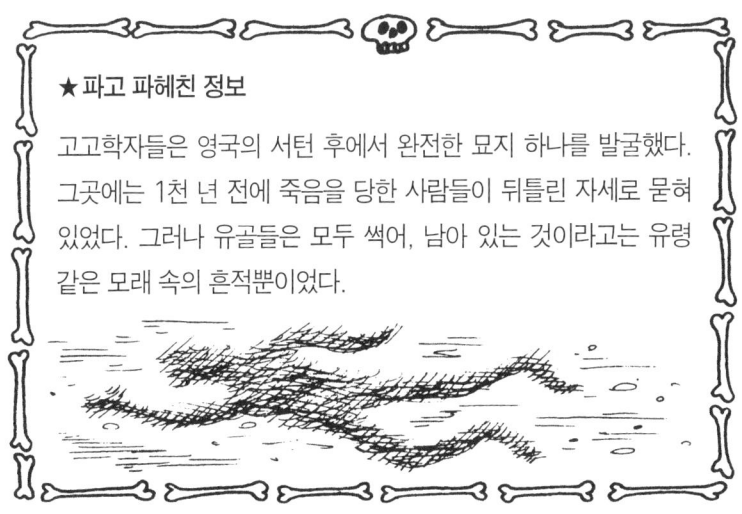

★파고 파헤친 정보

고고학자들은 영국의 서턴 후에서 완전한 묘지 하나를 발굴했다. 그곳에는 1천 년 전에 죽음을 당한 사람들이 뒤틀린 자세로 묻혀 있었다. 그러나 유골들은 모두 썩어, 남아 있는 것이라고는 유령 같은 모래 속의 흔적뿐이었다.

그러나 때로 고고학자들이 진짜 운이 좋다면 썩어가는 살이 조금이라도 붙어 있는 시체를 보게 될 때도 있다. 그럼, 마음의 준비를 단단히 하고…….

공포의 늪지

휴가 때 늪지로 놀러갈 사람은 없을 것이다. 늪지란 축축하고 냄새나며 으스스하고, 종종 안개가 내리는 곳이다. 출렁거리는 바닥은 몇 분 만에 한 사람을 삼켜 버릴 수 있으며, 세균까지 죽이는 산성 액체 속에 시체를 푹 담가놓으면 썩지도 않는다. 바로 그렇기 때문에 덴마크와 독일, 영국, 플로리다와 아일랜드에 있는 늪지에서 고대의 시체들이 뼈와 살, 내장까지 완전한 채로 발견되는 것이다. 그런 시체 가운데 일부는 무참하게 죽어간 것들이다. 독일의 한 늪에서 발견된 시체는 못이 박힌 통에 담긴 채 늪에 버려져 있었다.

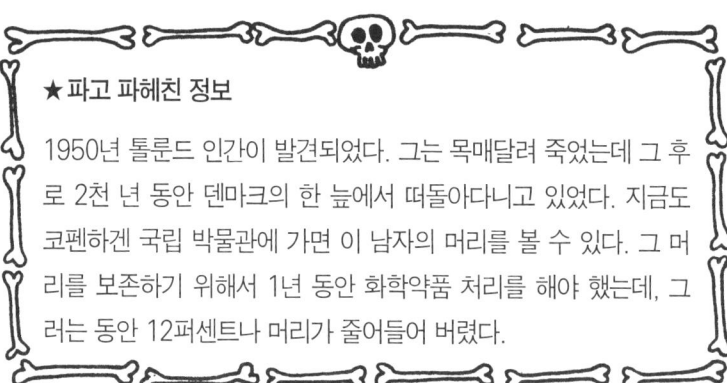

★ 파고 파헤친 정보

1950년 톨룬드 인간이 발견되었다. 그는 목매달려 죽었는데 그 후로 2천 년 동안 덴마크의 한 늪에서 떠돌아다니고 있었다. 지금도 코펜하겐 국립 박물관에 가면 이 남자의 머리를 볼 수 있다. 그 머리를 보존하기 위해서 1년 동안 화학약품 처리를 해야 했는데, 그러는 동안 12퍼센트나 머리가 줄어들어 버렸다.

이제 또 다른 늪에서 어떻게 시체가 발견됐는지, 속이 울렁거리는 이야기를 해야겠군.

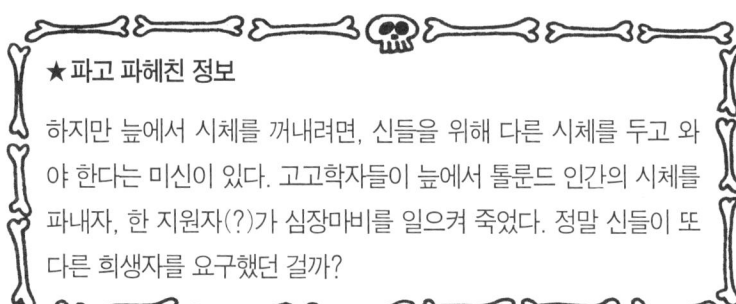

★ 파고 파헤친 정보

하지만 늪에서 시체를 꺼내려면, 신들을 위해 다른 시체를 두고 와야 한다는 미신이 있다. 고고학자들이 늪에서 톨룬드 인간의 시체를 파내자, 한 지원자(?)가 심장마비를 일으켜 죽었다. 정말 신들이 또 다른 희생자를 요구했던 걸까?

그러나 늪만이 시체를 보호하는 유일한 방법은 아니다. 부패를 일으키는 세균들은 추위에도 견디지 못한다. 그렇기 때문에 냉장고의 음식이 신선하게 유지되는 것이다. 만약 거기 시체를 넣는다면 시체도 보존되겠지?

때맞춰 얼다

1991년 고고학자들은 늪의 시체들보다 더 오래된 냉동 시체를 연구할 기회가 있었다. 그 시체는 에리카와 헬무트 시몬이라는 등산객이 알프스 고지대에서 발견한 것이었다. 시체는 곧바로 '오치'라는 세례명을 받았다. 드디어 우리는 그 냉동인간에게 5천 년에 걸친 침묵에서 깨어나도록 설득해 냈으니…….

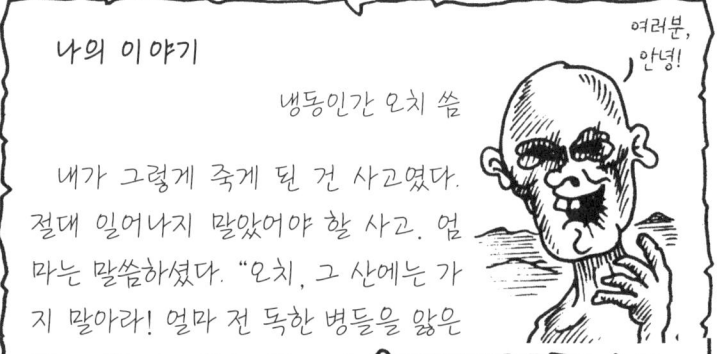

나의 이야기

냉동인간 오치 씀

여러분, 안녕!

내가 그렇게 죽게 된 건 사고였다. 절대 일어나지 말았어야 할 사고. 엄마는 말씀하셨다. "오치, 그 산에는 가지 말아라! 얼마 전 독한 병들을 앓은

데다가 두들겨 맞은 갈비뼈들이 아직 다 낫지도 않았잖니. 꼭 침대에 누워 있어야 해."

사실 엄마는 늘 수선을 떠신다. 그래도 이번만큼은 엄마 말씀을 들었다면 좋았을걸……. 하지만 나는 늘 내 뜻대로 살았고 그런 나를 자랑스럽게 여겼다. 나는 사냥꾼이다. 그것도 최고의 사냥꾼. 그리고 활과 화살, 도끼, 칼 같은 사냥 도구들을 다 가지고 있다. 내가 하는 모든 일들은 생각만 해도 짜릿하다. 그래, 나는 내 일들은 내가 알아서 한다고 생각했다.

그러나 내 생각이 틀렸다.

나는 알프스아이벡스 사슴을 잡기 위해 높은 산을 올라갔다. 그건 가치가 있는 일이었다! 그 야생 염소의 가죽으로 멋진 옷을 만들 수 있기 때문에, 사람들은 그 가죽을 주면 뭐든지 교환해 주었다. 첫째 날에 화살 두 개가 부러져서, 나는 바닥에 앉아 화살을 고치기 시작했다. 하지만 기분이 썩 좋지는 않았다. 내 갈비뼈들이 흔들거리는데다 허리 통증이 다시 도졌다. 그날 밤은 맑았지만 싸늘했고, 하늘에는 별이 가득했다. 그래서 나는 풀로 엮은 망토를 꼭꼭 여미고 잠들었다. 그러나 다시 눈을 뜨지는 못했다…….

나를 덮고 있던 눈이 녹자 등산객들의 말소리가 들려왔다. "저건 사람이

야!" 한 여자의 목소리였다.
물론 나는 사람이지. 그렇고 말고.
"아니야, 틀렸어. 저건 넝마 조각이라고!" 한 남자가 이렇게 말했다.
망할 녀석! 내가 넝마 조각이라고?
그리고 한동안 주변이 시끄러웠다. 사방에 경찰과 산악 구조대원들이 웅성거렸다. 그들은 얼음 송곳과 무슨 기계 끌 같은 것을 사용해서 나를 얼음 속에서 끌어냈다. 그리고 내 골반을 으스러뜨리고, 내

냉동고

팔을 부러뜨리면서 강제로 나를 관 속에 밀어 넣었다. 아이고 아파라! 나는 이제 부패되지 않기 위해 냉동고 안에 처박혀 있다. 그들은 2주마다 단 15분 동안만 나를 밖으로 꺼내놓지만, 오히려 그게 더 춥다.

사는 게 사는 게 아니다! 그러니까 죽은 거란 얘기다.

고고학 노트

1. 오치에 관해서 특이한 사실은 그의 모든 소지품까지 그 주변에서 발견되었다는 것이다(그의 사후세계에 필요할 거라고 생각해서 사람들이 묻어 준 부장품과는 다르다). 고고학에서는 그런 개인적인 물품들은 다른 사람들의 물건과 뒤섞이기 때문에, 물건 주인을 알아 내기란 불가능하다.

2. 오치의 이야기는 고고학자들이 발견한 사실을 바탕으로 꾸민 것이다. 그가 그 물건들을 만들었다고 보는 이유는 그 도구로 물건들을 손질한 흔적이 있기 때문이다.

3. 오치를 연구한 것은 오스트리아 고고학자들이었으나, 그의 시체가 발견된 곳은 이탈리아 국경 바로 안쪽이었다. 때문에, 이 냉동시체의 소유권을 둘러싸고 두 나라 사이에 논쟁이 벌어졌다. (반씩 나누어 가지면 되지 않을까?)

알아 둬야 할 점

고고학자들은 고대 시체를 연구하기 위해 무덤에서 시체를 꺼내는데, 그 유골은 결국 박물관으로 가는 경우가 많다. 그러나 북아메리카와 오스트레일리아를 비롯한 몇몇 나라의 원주민들은 자기네 조상의 유골을 매장하도록 해 달라고 요구하고 있다. 오늘날 고고학자들은 이런 움직임을 옛날보다 잘 이해하게 되었다. 그러나 한편으로는 예우를 갖춰 다시 매장하게 되는 유골에서 가능한 한 많은 것을 알아 내려고 안간힘을 쓰고 있다.

사실 고대의 시체가 부검되어 유명 인사가 된 경우는 오치뿐만이 아니다. 그런 시체들은 꽤 있는데, 여러분은 그들에게도 유명 인사들의 잡지가 있다는 사실은 몰랐을걸?

아니, 진짜 있다니까!

케이티 캐낸 시체와 함께 하는 패션과 뷰티

빙하 멋쟁이 패션

오치는 후기 청동기 시대 패션을 대표하고 있다. 사냥철의 모피와 가죽은 요즘 유행하는 의상이며, 이것이 없다면 멋쟁이라고 말할 수 없다.

날마다 입는 평상복으로는 손으로 짠 털실 옷이 유행이다. 모

델이 입고 있는 디자이너 드레스는 떡갈나무 관에서 발견된 3천 살 된 덴마크 소녀가 입었던 것이다.

허벅지 길이의 원피스 양털로 뜨게질 한 드레스

의상 협찬 우리 시체 부띠끄

렇다면 고대 칠레 사람들이 미라에 사용했던 진흙 팩을 해 보는 건 어떨까. 그냥 훈제청어처럼 시체를 연기에 쐬고 얼굴 등 보존하고 싶은 부위에 진흙을 덮어 두면 된다.

손톱이 벗겨지고 머리카락이 빠지는 시기

얼음 속에 묻혀 있으면 손톱에 치명적일 수 있다. 불쌍한 오치의 머리카락과 손톱은 실제로 다 빠져 버렸다. 그러나 다행히

알아둬야 할 점

1921년에 발견되었던 이 드레스는 당시 고고학자들을 충격에 몰아넣었다. 고고학자들은 이 드레스가 소녀의 다리를 드러내고 있기 때문에 점잖지 못하다고 생각했다. 그들은 소녀의 머리에 두뇌와 눈썹말고 남은 것이 없었다는 사실에는 오히려 덜 충격을 받았다.

케이티의 뷰티 정보
건강한 피부와 자연 손톱

차가운 바람을 맞으면 우리 시체들의 피부는 몹시 건조해져서 주름이 생기기 쉽다. 특히 천년이 지난 뒤에는 더 그렇다. 그

마음씨 착한 몇몇 고고학자들이 그 산에 올라가 머리카락과 손톱 하나를 발견해 냈다.

광고
피부가 문제라고요?
문제없습니다!

만약 여러분의 오래된 시체를 좀 고쳐야겠다고 생각하신다면 모스크바 생물 조직 연구소로 오십시오! 저희 회사의 일급 비밀, 방부 처리 용액과 알코올이 든 화학약품 칵테일 욕조에 몸을 푹 담그고 휴식을 즐기세요. 잠시 후 여러분은 '방금 죽은' 것처럼 건강한 외모를 되찾게 됩니다!

이 달의 공포 운세
메리 써거문드러

8월

당신은 이번 달에 전시용 유리 상자 속에 놓이게 될 것이다. 많은 사람들이 다가와 당신을 가만히 보면서 이런 말들을 할 것이다. "흠, 이게 공포의 방보다 더 나은데!" 또는 "우엑! 이 손톱 좀 봐!"

건강 상담
보나파르트 뼈다귀 박사

박사님,

 저는 남아메리카 잉카 민족의 한 소년입니다. 신에게 제물로 바쳐진 뒤 저는 500년 동안 산 위에 있답니다. 저의 고민은 과학자들이 저의 몸에서 사마귀를 발견했는데, 다른 시체에게 옮을 수 있는 병일까요?

남아메리카에서
조마조마 올림

조마조마 군,

 가슴 졸일 필요 없습니다. 죽은 지 그렇게 오랜 기간이 지났으니, 사마귀를 일으킨 세균들도 다 죽었을 겁니다.
 무덤 사진 엽서 잘 받았습니다. 경치가 참 좋군요!

광고
지겹게 누워 있던 세월,
떠나라, 미라여!
사해로 떠나 보라!

나의 반쪽은 어디 있을까요?

사랑스러운 미라가 (무덤도 있음) 영혼의 동반자를 찾습니다. 나이 3,300살로 보존 상태는 썩 좋진 않으나 저의 전차를 몰게 해 드리겠습니다.

왕들의 계곡
투탕카멘에게
연락바랍니다.

박사님께,

 저는 페루 출신의 600년 된 잉카 미라입니다. 이탈리아와 아르헨티나 과학자 및 고고학자들이 저를 보더니, 차가스 병에 걸렸다고 하더군요. 정말 걱정이 됩니다. 그게 죽을 병인가요?

페루에서, 비시리 올림.

비시리 씨,

 당신은 그 병으로 죽지 않습

니다. 벌써 죽었으니까요, 아시겠어요? 그 병은 피를 빨아먹은 뒤 상처에 똥을 싸는 벌레 때문에 생긴 것입니다. 그 치명적인 똥에는 현미경으로만 볼 수 있는 미생물이 들어 있는데, 그것이 장의 활동을 막은 거지요. 당신의 똥이 몸 안에 쌓여 장이 붓고 그러다 심장이 멈춘 것입니다. 확실히 죽기에는 아주 우아한 방법입니다!

들은 이 요리를 좋아합니다. 그럼요, 미라의 요리가 단연 최고죠! 이번 달의 요리법은 죽은 사람들의 위장에 보존되어 있던 것들을 기초로 한 것입니다. 즐거운 식사가 되기를!

전채요리
맛있고 신선한 수박

재료
수박 한 덩이
중국의 후작 부인 '대' 여사가 먹었던 것과 똑같은 수박을 준비합니다. 대 여사는 이 수박을 먹고 한 시간 뒤 심장마비로 죽었다고 해요.

광고

칠레식 얼굴 미백제를 써보세요.
재와 물을 기분 좋게 섞었습니다.
너무 예뻐 보여서 영원히 쓰고 싶어진답니다!
미라와 죽은 시체에겐 더없이 좋은 상품입니다!

다프네 다주건네에게 배우는 요리법

이 요리가 소화하기 힘들다는 사람들도 있겠지만, 우리 시체

때까지 심하게 자기 몸을 괴롭힙니다.
3. 늪지의 산성 물 속에 약 2천 년 동안 몸을 푹 담급니다.

사라 지니와의 심리 상담

만드는 방법
1. 수박을 깍둑썰기 해서 요구르트와 함께 냅니다. 먹고서 한 시간 동안 소화시킵니다. 그래야, 속이 좋답니다!
2. 그리고 2,200년 동안 위장 속에 남겨 둡니다.

철판 과자

1984년 영국에서 발견된 피트 마시 시체가 먹었던 음식.

재료
거칠게 간 밀가루
물

만드는 방법
1. 밀가루와 물을 섞어 뜨겁게 달군 철판에 놓고 굽습니다.
2. 과자를 먹고 12시간 뒤 죽을

선생님,

2천 년 전에 누군가가 나를 무릎 꿇고 엎드리게 하더니, 뒤에서 도끼로 내리쳐서 정신을 잃게 만들었습니다. 그 뒤 그들은 내 목을 쳐서 피를 쏟게 한 다음 늪에 버렸습니다. 내가 세상에서 가장 나쁜 사람이어서 그랬던 걸까요?

런던 대영박물관에서
피트 마시 올림

피트 씨,

물론 그건 아닙니다. 사람들은 유리 상자 속의 당신 모습을 좋아합니다. 당신을 공격했던 사람들도 당신을 좋아했답니다. 다만 그들은 당신을 신께 제물로 바치는 게 좋겠다고 생각했을 뿐이죠. 참 못할 짓이란 건 저도 알지만 때로는 희생해야 할 때가 있답니다.

다음 호 예고

유명한 시체들이 멋진 무덤으로 여러분을 초대합니다.

★ 파고 파헤친 정보

피트 마시는 어떤 이탄 포장 공장의 일꾼이 막대기 같은 것으로 동료 일꾼을 향해 던졌다가 발견된 시체이다. 막대기인 줄 알았던 것은 발이 붙어 있는 사람의 다리였다. 여러분이라면 어떻게 했을까, 달아났을까? 피트의 다른 쪽 다리는 이탄 비료로 포장되어 버섯을 키우는 데 쓰이고 말았다. 덕분에 버섯 수프 맛은 좋아졌을걸?

사실 고대 시체의 일부를 가지고 장난치는 것은 아주 큰 실수다. 시체의 아무리 작은 부분이라도 고고학자들에게는 고대인이 무얼 먹었는지 말해 줄 수 있는 증거이기 때문이다. 정말이라니까.

시시콜콜 알아내기

이름 : 화학물질과 식생활, 그리고 시체들
기본 사실
방사성 탄소를 기억하는지? 그런데 뼈 속에 쌓이는 또 다른 탄소 원자가 있다던데…….

시시콜콜한 사실
해산물에는 13번 탄소가 더 많으며, 식물에는 12번 탄소가 더 많이 들어 있다. 그래서 뼈의 표본을 구해다가 질량 분석계라는 기계를 사용해서 각 유형의 탄소 원자가 얼마나 되는지 세어 본다. 그러면 죽은 사람이 무엇을 먹고 살았는지 밝혀낼 수 있다. 뭐, 그들에게 직접 물어 보는 게 더 쉽지 않냐고?

이에 얽힌 진실

 죽은 사람의 뼈를 만지작거리기 싫은 사람은 그들의 썩은 입 안을 살짝 들여다보고 이를 살펴보는 게 좋을지도 모르겠다.
 이제 입을 크게 벌리고…….

1. 2천 년에서 4천 년 전의 일본에서는 열네 살이 되면 이 가운데 몇 개를 빼 버리는 것이 유행이었다. 특별히 어느 이를 빼는가 하는 문제는 그 사람의 출신 지역에 따라 달랐다.

2. 이스라엘의 고고학자들은 녹색 이를 가진 2천 년 전에 살았던 전사의 두개골을 발견했다. 한 사기꾼 의사가 그 남자에게 금니를 해 주겠다고 약속해 놓고선 청동 이를 해 준 것이 분명했다. 아마 그 전사는 청동의 독성 때문에 죽었을 것이고, 화학 반응으로 이가 초록색으로 변했을 것이다. 내 생각이지만 그 전사는 죽은 후에 몸까지 퍼렇게 변했을걸.

3. 여러분은 신비스러운 미소를 짓고 있는 유명한 모나리자 그림을 본 적이 있겠지? 못 본 사람을 위해, 우리 삽화가 선생님이 잠깐 쉬면서 원본을 흉내내어 뚝딱 그려 보았다.

사실 그녀가 그처럼 미소짓고 있는 것은 보기 흉한 검은 이를 감추기 위해서이다. 고고학자들은 모나리자의

원래 모델이라고 생각하는 아라곤의 이사벨라 두개골을 발견했다. 그녀의 이는 검은색이었는데, 검은 물질을 제거하기 위해 이의 상아질을 깎아 내기까지 했다. 따라서 그녀는 음식을 씹어 먹기가 힘들었을 것이다.

4. 사람의 이를 잘 살펴보면 그 사람이 몇 살인지 알아 낼 수 있다. 이의 뿌리, 즉 치근은 나이가 들면서 밖으로 보이게 된다. 어쩌면 선생님이 여러분한테 입안을 들여다보게 허락하실지 모르겠다. 실제 선생님의 나이가 말씀하시는 것만큼 젊은지 확인하도록 말이다.

5. 이에 생긴 자국들을 보고 그 사람이 고기를 먹었는지, 아니면 채식을 했는지, 그리고 평소에 어떤 걸 먹었는지 알아 내기도 한다. 이가 많이 닳았다면 음식이 질기고 모래알이 많이 섞여 있었다는 얘기이다. 심지어 이를 보고 그 사람의 식사 예절이 좋았는지 나빴는지도 알아 낼 수도 있다.

고고학 체험, 원시인처럼 먹기

부모님이 여러분더러 원시인처럼 먹는다고 꾸중하시지는 않는지? 드디어 부모님 말씀이 옳다는 걸 증명할 기회가 왔다!

필요한 준비물

힘줄투성이 고기 한 점(아무거나 다 좋다. 여러분이 채식주의자라면 질긴 시금치를 사용해도 된다.)

단단한 돌칼(무딘 칼을 사용해도 된다.)

실험 방법

1. 고기의 한쪽 끝을 앞니로 물고 다른 쪽 끝을 손으로 쥔다.

2. 칼로 고기를 자른다.
3. 여러분의 입에 매달린 음식을 떨어뜨리지 않고 냅름 삼킨다.

고고학자들은 50만 년 된 두개골의 이에 난 자국을 보고 동굴에서 살던 원시인들은 이렇게 먹었다고 추측한다. 밥맛 떨어지지?

★ 파고 파헤친 정보

고대에 살던 사람들은 오늘날 사람들보다 턱이 넓었다. 당연한 얘기다. 현대식 화덕이 없었기 때문에 음식을 제대로 익히지 못해 질겼고, 그만큼 더 많이 씹어야 했다. 그리고 17세기에 포크가 발명되기 전에는 음식을 잘게 썰기가 힘들었으므로 오래 씹어야 했다. 그렇다면 질긴 학교 급식을 먹고 자란 어린이들의 턱은 킹콩처럼 되겠는걸?

비위가 좋은 사람만 읽을 수 있는 이야기

보존된 시체들은 대부분 기생충에 시달리고 있었다. 기생충의 알은 똥 속에 있다가 더러운 손을 통해 음식에 옮겨질 수 있다. 일단 몸에 들어가면 알이 깨어나 더 많은 기생충이 생긴다. 잠깐, 겁먹을 건 없다. 여러분한테는 기생충이 없을 테니까. 만약 있다고 해도 쉽게 없앨 수 있다. 어쨌든, 이집트 미라 가운데에는 회충이 있는 것들도 있다. 회충이란 벌레는 30센티미터까지 자라며 몸 속을 신나게 돌아다닌다. 때로는 눈 안쪽의 작은 분홍색 귀퉁이 밖으로 튀어나오기도 한다.

그런데 음식 얘기가 나왔으니 말인데, 반쯤 먹다 남은 그 썩은 음식 조각들이 흥미로운 발견물이란 사실을 아는지? 고고학자들에게 옛날 사람들의 식생활을 말해 주기 때문이다. 그런데 더욱 흥미로운 발견물이 한 가지 있는데, 바로 바싹 마른 똥이다.

그럼 다음 페이지에는 또 어떤 내용이 나올까?

흥미진진한 발견물

고고학은 쓰레기이다. 고고학자들이 찾아내는 물건들은 대부분 시시한 잡동사니들이다! 동물 뼈 같은 쓸데없는 쓰레기에 사람들이 내던진 깨진 도기 조각 같은 것들. 그런 쓰레기들이 산더미처럼 모여 있는 것을 '조개무지'라고 한다. 고고학자들은 조개무지를 체로 치면서, 옛날 사람들이 어떻게 살았는지 생생한 모습을 알아 낸다.

고고학자가 되려면

미국의 고고학자 윌리엄 L 라트예는 쓰레기들이 우리의 생활 방식을 말해 주는 단서가 되는지 알아보기 위해 현대의 쓰레기들을 연구했다. 고고학 대원들은 애리조나 주 투산의 주민들을 면담하고 그들의 쓰레기들을 샅샅이 뒤졌다. 주민 가운데 85퍼센트는 맥주를 마시지 않는다고 말했다. 그렇다면 고고학자들이 알아 낸 사실은 무엇일까?

a) 주민들이 진실을 말했다.
b) 주민 가운데 25퍼센트만 맥주를 마시지 않는다. 나머지 사람들의 쓰레기에선 맥주 깡통이 나왔다.
c) 고고학자들은 맥주에 취해서 조사 결과를 잃어버렸다.

> 정답 : b) 표본조사는 사람들의 아주 일부만 조사해서 결론을 내린다.

어쨌든 이제 좀더 오래된 유물을 찾아볼 시간이다.

호기심 캐비닛

400년 전, 박물관이 아직 생기지 않았을 때 돈 많은 사람들은 고대 유물들을 수집해서 '호기심 캐비닛'이라는 특별한 상자에 넣어서 전시하곤 했다.

여러분도 나만의 캐비닛을 만들어 보면 어떨까?

여러분이 전시할 유물들은······.

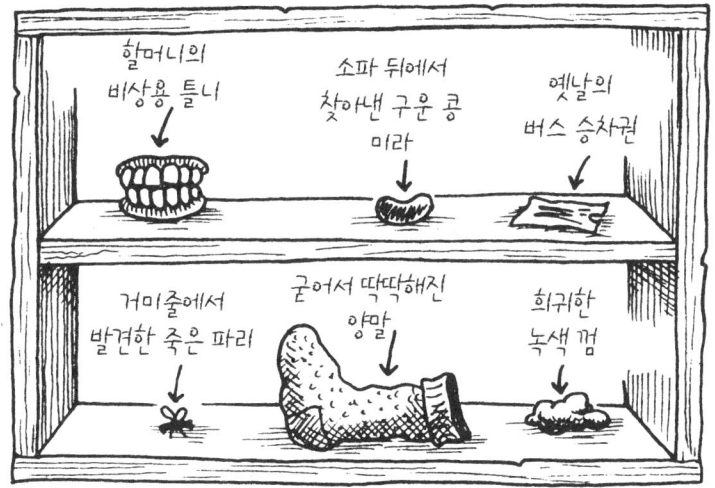

우리가 이 책에 쓰기 위해 호기심 캐비닛을 만들었다면 여러분은 귀가 솔깃해질 것이다. 그 안에는 전 세계 박물관에서 가져온 고고학 유물들이 있다. 그 유물들은 가치가 있어서가 아니라 저마다 이야기가 담겨 있기 때문에 선택된 것들이다. 어쨌든 여러분은 지금 봐 두는 것이 좋겠다. 곧 박물관 측에서 돌려달라고 요구할 테니까.

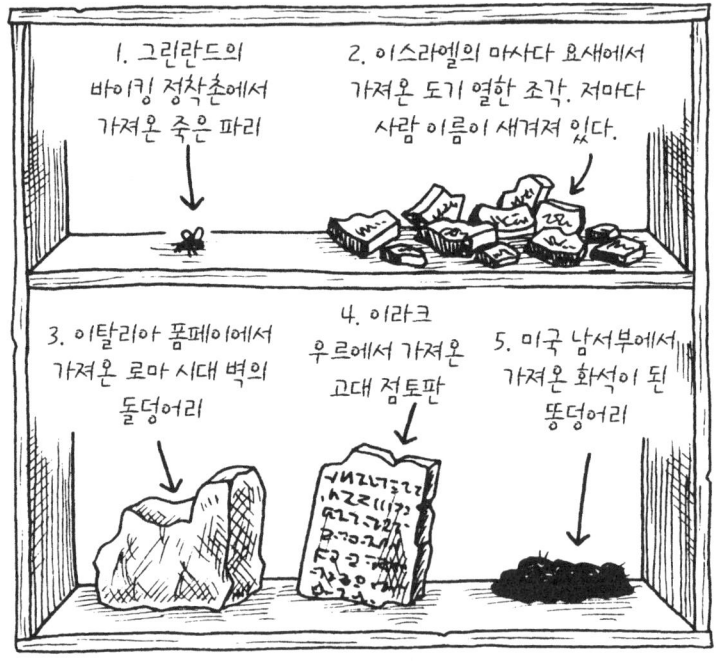

유물에 관한 설명

1. 끝내주게 흥미롭지? 음, 이 파리는 썩은 고기에 알을 낳는 종이다. 이것은 1350년경 수수께끼처럼 몰락해 버린 정착촌의 한 침실에서 발견되었다. 그래, 지금은 침실에서 고기가 발견되지는 않으니까 파리의 유충들이 바이킹의 시체를 전부 먹어치운 모양이다!

2. 따분하다고? 서기 73년, 천 명의 유대인 전사들은 마사다의 만에서 로마 군대와 맞섰다. 사람들은 항복하느니 차라리 같은 편을 죽이기로 했다. 그리고 11명의 생존자들은 나머지를 다 죽인 뒤 마지막에 자살할 한 사람

을 선택했다. 선택은 제비뽑기였다. 그렇다면 이 도기 파편들이 그 제비뽑기의 유물일까?

3. 재미없다고? 천만의 말씀! 폼페이의 벽에는 학교 화장실보다 낙서가 훨씬 많았다. 그런 낙서에는 광고나 사랑 고백이 있는가 하면 저속한 로마 시대 농담들과(아니, 그런 농담을 옮겨 쓸 생각은 없다. 꽉 막힌 어른들이 이 책을 못 보게 할지 모르니까) 낙서를 반대하는 낙서 화가의 시도 적혀 있었다.

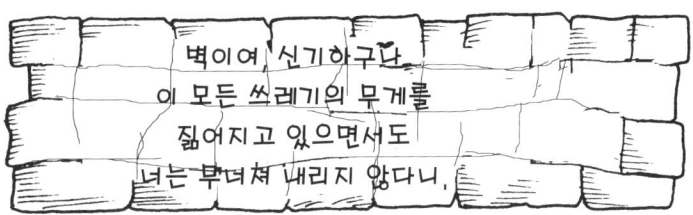

4. 점토판이란 사람들이 글을 새겨 넣은 흙 벽돌이다. 기억하지? 이 점토판에는 3천 년 전의 학교 생활이 기록되어 있다. 대충 옮기면 이런 내용이다.

> 나는 학교까지 뛰어가야 했다. 지각하면 매를 맞기 때문이다. 나는 점토판에서 배운 내용을 외워야 했고 그런 다음 외워야 할 점토판을 또 한아름 받았다. 떠들다가 매를 맞았고 일어섰다가 매를 맞았고 글씨가 엉망이라고 또 맞았다. 나는 학교가 정말 싫다!

많이 들어본 소리지? (마지막 한 문장은 내가 지어낸 거지만 나머지는 사실이다!)

5. 역겹다고? 그러겠지. 하지만 여기엔 끔찍한 비밀이 숨어 있다. 이 똥은 1150년 경 아나사지 부족이 살던 곳에서 발견된 것이다. 이것이 발견된 곳은 고기로 요리되었다고 추측되는 사람들의 뼈 더미 근처였다. 그렇다면 아나사지 족은 식인종이었을까? 이 배설물을 시험한 결과, 사람의 살에서만 발견되는 화학 성분이 나타났다. 아마 이들의 점심 식사에 초대받은 사람이 있었던 모양이다.

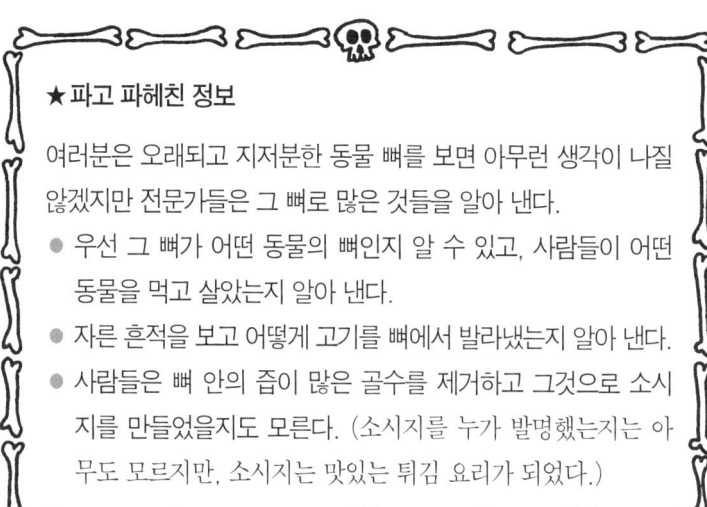

★ 파고 파헤친 정보

여러분은 오래되고 지저분한 동물 뼈를 보면 아무런 생각이 나질 않겠지만 전문가들은 그 뼈로 많은 것들을 알아 낸다.
- 우선 그 뼈가 어떤 동물의 뼈인지 알 수 있고, 사람들이 어떤 동물을 먹고 살았는지 알아 낸다.
- 자른 흔적을 보고 어떻게 고기를 뼈에서 발라냈는지 알아 낸다.
- 사람들은 뼈 안의 즙이 많은 골수를 제거하고 그것으로 소시지를 만들었을지도 모른다. (소시지를 누가 발명했는지는 아무도 모르지만, 소시지는 맛있는 튀김 요리가 되었다.)

고고학자에게 질문을

그 고고학자가 나라 이름을 맞추면 1점씩, 그리고 유물의 이름과 그것이 발견된 장소까지 맞추면 보너스로 2점을 준다(맞추기 힘들걸? 하하!).

정답 :
1. **짐바브웨.** 이 나라 이름은 대짐바브웨, 즉 1270년에 그 지역의 쇼나 부족이 지은 궁전 유적의 이름을 딴 것이다. 짐바브웨의 국기에는 그 유적 근처에서 발견된 돌로 조각된 새의 모습이 있다.

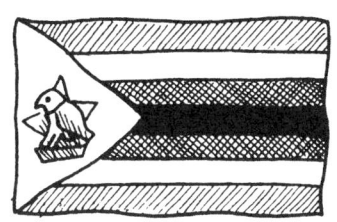

2. **마케도니아.** 마케도니아 국기는 한 금궤에서 발견된 별의 모습을 본뜬 것이다. 이 금궤에는 불에 탄 남자의 뼈가 들어 있었는데, 정복자 알렉산드로스 대제의 아버지

인 마케도니아 왕 필리포스 2세의 유골로 여겨지고 있다. 이 국기는 많은 그리스인들의 심기를 언짢게 한다. 왜냐하면 필리포스의 고대 마케도니아 왕국이 실제로 그리스에 있었으며, 이 금궤가 그리스에서 발견되었기 때문이다.

알아 둬야 할 사실

외국의 박물관에 있는 자기 나라의 고고학 유물이 너무 자랑스러워 돌려받기를 원하는 나라들이 많다. 그리스는 영국인들이 1812년 아테네의 파르테논 신전에서 떼어간 대리석 조각들을 돌려 받고 싶어한다.
터키는 트로이에서 슐리만이 발견했던 보물들을 되찾기를 원한다. (이 보물들은 현재 러시아에 있다. 제 2차 세계대전이 끝날 무렵 러시아가 독일에서 훔쳐갔거든. 아직도 헷갈려?)

그런가 하면 훔친 고대 보물들을 사기 위해 얼마든지 돈을 내려는 사람들이 아직도 있다. 그래서 도굴꾼들은 지금도 고고학 현장을 덮쳐서 찾아낸 물건들을 팔아 넘기고 있다. 다음은 그런 짓을 하며 생계를 꾸리던 한 남자의 이야기이다.

리처드 웨더릴의 이야기

그의 충직한 하인이며 공모자였던
히람 피렘 쏨

러처드가 어렸을 때, 그와 네 명의 형제들은 탐험을 무척 좋아했다. 형제들은 지는 해를 향해 끝없이 말을 달렸다. 그 소년들은 친형제인 것처럼, 절친했다. 아이쿠, 이런 깜빡했군. 그들은 친형제였지!

러처드는 외딴 폐허에서 오래된 인디언 도기들을 주워 오는 것을 좋아했다. 머지않아 사람들은 그것들을 구경하기 위해 웨더릴 가문의 농장을 찾아가기 시작했다. 내가 보기엔, 러처드가 자기가 찾은 물건들을 전시해 볼까 생각했던 것 같다. 그가 커다란 전환점을 맞이한 것은 1888년, 메사 버디에서 절벽 궁전을 발견한 때였다. 사실 그건 폐허 더미에 지나지 않았지만 리처드에게는 근사한 궁전과 같았다. 그는 그곳에서 도기들을 파내면서 많은 시간을 보냈고, 그것들을 덴버에 가져가 전시하면 많은 돈을 벌 수 있다고 생각했다.

그러나 그러지 못했다. 그는 거의 파산할 정도가 되었다! 그런데 바로 그 때 그의 사촌이 그에게 미라 한 구를 보내면서, 사태는 새롭게 진전되었다. 솔직히 말해서 그 미라는 그냥 말라붙은 옛날의 시체여서, 부스러지는 피부와 흉한 주름투성이 얼굴엔 볼만한 게 별로 없었다. 그러나 그것을 구경하기 위해 방방곡곡에서 사람들이 모여들었다. 그래서 리처드는 떼돈을 벌었고, 메사 버디에서 시간을 보냈다. 게다가 그의 도기들을 파는 가게까지 나란히 문을 열었다.

그러나 워싱턴의 높으신 정치가 양반들이 옛날 도기를

타는 행위를 금지시켰다.(잠깐 실례, 옛날 일을 생각하니 울화가 치밀어서.) 러처드는 농사를 짓기 시작했지만 애석하게도 1910년에 한 소도둑이 쏜 총에 맞아 쓰러졌다. 강도가 내 친구를 죽이는 것이 옳지 않은 것처럼, 오래된 옛터를 터는 짓이 옳지 않는 행동이라는 것을 알게 되었다.

오늘날 고고학자들은 그 어느 때보다 많은 것들을 발견하고 있다. 그 이유는 작은 유물을 찾기 위해 조심스레 흙을 체로 치면서 작은 것 하나도 놓치지 않기 때문이다. 한 예로, 미국 펜실베이니아 주의 석기 시대 유적인 메도크로프트에서 작업하는 고고학자들은 250만 개의 작은 유물들을 분류했다. 엄청난 분량이지만 그들은 다 정리한 것이다. 하하. 여러분도 흙에서 작은 발견물을 분리하는 일을 따라서 해 보고 싶어질걸.

고고학 체험, 비밀을 걸러내기

준비물

- 꽃삽으로 두세 번 떠서 양동이에 담은 흙(집안에 가지고 들어갈 생각은 아예 하지 말 것. 이 실험은 꼭 바깥에서 해야 한다).
- 낡은 차 거름망
- 물 한 양동이
- 원예용 장갑
- 씨앗 약간(참깨도 괜찮다).

실험 방법

1. 흙을 만지기 전에 원예용 장갑을 낀다.
2. 씨앗을 흙에 섞는다.
3. 물을 부어서 흙이 5센티미터 정도 젖게 한다. 이 혼합물을 물에 살살 헹군다.

결과는 어떻게 될까?

> **정답**: 씨앗들은 미로에 아주 작은 팽창실처럼 보이는 게 있다는 걸 알게 될 거야. 씨 틀의 머리가 가벼워서 팽창실을 통해 빠르게 흘러내리고 있다. 그래서 1970년대에 원시 유기체에서 처음으로 고고학자들이 사이에 스트로에게 나에게 되었다. 원시들은 종류 속에 사이가 사라지며 채를 틀는 것이었다. 하지만 어디라는가 그렇게까지 은 해도 된다.

사라진 언어들

고대인들은 고대 언어로 글을 썼지만 대부분은 오래 전에 사라진 언어이다. 그래서 고대인들이 남긴 글을 읽으려면 그 언어를 다시 배워야 한다. 그러면 고고학자들은 어떻게 그 글을 배우면 될까? 아주 오랜 세월 살아온 선생님을 찾아갈까? 아무리 여러분의 선생님이라도 그렇게 나이가 많을 수는 없을걸!

아니, 꼼꼼한 조사 작업과 약간의 창의력 넘치는 추측을 통해 고대 문자를 배우게 된다. 최초로 해독된 것은 고대 이집트 문자였다. 1798년 한 프랑스 군인이 이집트의 로제타 근처에서 고대의 돌을 발견했는데, 그리스 문자와 고대 이집트 문자로 나란히 글이 새겨져 있었다. 학자들은 그리스어를 읽을 수 있었으므로 그 이집트 문자가 무슨 내용인지 곧바로 알아 낼 수 있어야 했다. 그러나 그렇지 못했다.

그 기호들을 그리스 문자와 연결시키기까지는 프랑스인 장 샹폴리옹의 15년에 걸친 노력이 필요했다. 사실 샹폴리옹은 17살의 나이에 8개 국어를 할 수 있던 천재였다. 그러니까 보통 사람은 약 500년이란 시간이 걸렸겠지. 마침내 샹폴리옹은 이집트 왕 람세스의 이름을 찾아냈다. 그는 너무 흥분한 나머지 형한테 달려가서 외쳤다. "드디어 찾았다!" 그리고는 정신을 잃었다.

마야 문자의 비밀

최근에 와서야 고고학자들은 중앙 아메리카의 고대 마야인들이 사용했던 문자를 해독했다. 이번에는 고고학자들이 참고할 만한 다른 글이 전혀 없었지만, 그들은 단 하루 만에 획기적인 단서를 찾아냈다. 여러분이라면 그럴 수 있었을까? 계속 읽어가면서 알아보도록!

1863년에 프랑스 학자 브라쇠 드 부르부르는 마드리드에서 옛날 책을 발견했다. 마야 부족에 있던 에스파냐인 주교가 쓴 책이었다. 그 주교는 생존해 있는 몇몇 마야인들과 이야기를 나누고 그들의 숫자와 알파벳을 기록해 놓았다. 그 기호 가운데 일부는 쉽게 알아볼 수 있었다.

1. 다음은 무얼 뜻하는 걸까?
 .
 ..
 ...

1950년대에 러시아인 유리 크노소로프와 타티아나 프로스쿠리아코프는 이 이상한 문자를 연구했다. 유리는 이 문자 기호가 표음문자라고 생각했다. 표음문자란 각각의 문자 기호가 말소리를 나타낸다는 뜻이다. 타티아나는 이 기호들이 마야 역사의 날짜를 표시하며, 글자들은 마야 왕들의 업적을 기록하고 있다고 추측했다.
　1973년의 어느 날, 문자해독 전문가들이 고대 마야의 도시 팔렝케에 모였다. 이들은 돌 탁자에 새겨진 글들의 사본을 나누어 가진 뒤, 연구하기 시작했다.

2. 타티아나의 추측이 옳다고 가정하고, 다음 중 여러 번 나왔을 것 같은 단어 두 개를 찾아보자.

정답 : 1. 이 기호는 숫자가 쓰는 곳을 가리킨다. 숫자 1, 2, 30이다. 이 숫자는 마야어
읽는 그리라다.
2. '왕'과 '행동'을 나타내는 말 이다.

전문가들은 마야 문자를 해독해내자 마야인들의 기록을 읽고 있다는 사실에 놀랐다. 내용은 소름끼치도록 끔찍한 것이었다! 거기엔 잔인한 전투와 인간 희생제에 관한 이야기들이 있었다.

나무에 쓰인 문자

고고학자들은 종종 개인적인 편지들까지 읽게 되곤 한다. 고고학자들은 러시아의 노브고로드에서 800년 전 나무 조각에 적힌 편지들을 발견했다. 한 가난한 여인이 의붓아들에게 매를

맞고 집 밖으로 쫓겨났다고 하소연하는 글이었다. 잉글랜드 북부에 있는 빈덜랜다 요새에서는 얇은 나무 껍질 조각에 적힌 로마 시대의 편지들이 발견되었다. 그 가운데에는 한 어린이의 숙제와 숙제를 제대로 못했다는 선생님의 평가가 적힌 글도 있었다. 세월이 가도 변하지 않는 게 있게 마련이다.

로마 시대 선생님들은 어린이들을 때리기도 했다. 선생님의 회초리가 나무 껍질처럼 잘 부서졌기를 빌자.

사실 나무 껍질 조각은 매우 약하다. 그래서 편지글은 공기와 닿으면 금세 바래졌기 때문에, 화학약품 처리를 해야 한다. 다음 이야기에서 알 수 있는 것처럼, 발견물들은 대체로 그렇다.

경고 : 여기 나오는 미라는 다음 페이지에서 붕대가 풀리는데, 차마 눈뜨고는 못 볼만큼 참담할 것이다. 그러니 다음 글을 읽기 전에 옷을 단단히 껴입고 방독면을 착용하도록.

눈앞에서 사라진 미라

1907년 고고학자 디어도어 데이비스가 왕들의 계곡에서 무덤 하나를 발견했고, 그 무덤의 봉인을 푸는 것을 보려고 관리들이 찾아왔다.

맨 처음 안으로 들어간 사람은 화가 조지프 린던 스미스였다. 그는 고고학적 장면을 그리기 위해 고용된 사람이었다. 그 무덤에는 투탕카멘의 할머니 이름이 적혀 있었다.

스미스는 무덤 천장 일부가 무너져 지붕 사이로 빗물이 떨어졌다는 사실을 알았다. 다행히 미라의 상태는 괜찮은 것 같았다.

며칠뒤 관리들은 스미스가 미라의 붕대를 푸는 것을 지켜보려고 다시 모였다. 미라는 순금으로 된 얇은 수의로 감싸여 있었다.

황금 수의를 들어내고 보니, 미라는 얇고 색 바랜 린넨 붕대로 칭칭 감겨 있었고 양쪽 손목에는 금팔찌가 끼워져 있었다. 스미스는 보석이 더 있는지 확인하려고 붕대 밑을 더듬었다.

그런데 갑자기 미라가 부서져 가루가 되어 버리는 게 아닌가! 뼈까지 모두 무너져 몇 초 사이에 남은 것이라곤 삭은 뼈 몇 개와 약간의 피부밖에 없었다. 그리고 아름다운 보석 조각들 몇 개하고.

고고학 노트

1. 다행스럽게도 현대 고고학자들은 미라의 붕대를 자주 풀지 않는다. 오늘날 미라를 연구할 때는 가능한 한 훼손을 줄이기 위해 X선 촬영을 하거나 내시경이 달린 튜브를 집어넣어 안을 살핀다.

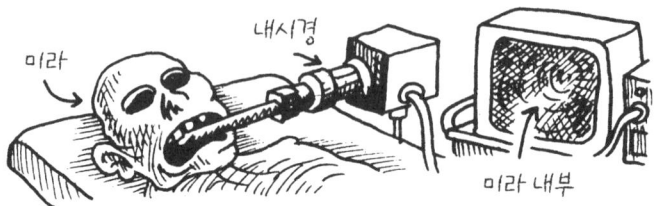

2. 많은 전문가들은 그 미라가 투탕카멘의 형인 스멘카레의 것이라고 보고 있다. 확실히 그런 일이 여러분 형한테 일어난다면 정말 끔찍하겠지. (여러분도 같은 생각이라 굳게 믿는다!) 이 이야기는 일부 발견물들이 얼마나 파손되기 쉬운지, 그리고 미숙한 사람들이 얼마나 큰 피해를 끼칠 수 있는지 잘 보여 준다.

잘 부서지는 발견물들

1. 사진작가 해리 버턴은 이집트의 한 무덤에서 발견된 소녀의 목각상을 찍고 있었다. 불행히도 그 무덤은 나무를 파먹는 흰개미들의 습격을 받은 뒤였다. 흰개미들은 그 조각상을 야금야금 갉아먹어 조각상 안쪽은 구멍투성이였다. 버턴이 사진을 찍자, 그 조각상은 가루가 되고 말았다. 하지만 사진은 잘 나왔다.

2. 투탕카멘의 옷들은 보존 상태가 좋은 것 같았으나 누군가 그것을 만지자 그만 다 떨어져 버렸다. 설상가상으로 그 옷들에는 수많은 구슬과 스팽글이 붙어 있었다. 실제로 5만 개가 붙어 있던 옷도 있었다. 그래서 하는 수 없이 똑같은 옷을 만들어서 그 구슬들을 일일이 꿰어 붙여야 했다.

그런데 진짜로 과거의 모습이 어땠는지 보려면 과거를 복원하고 재현해야 한다. 다시 말해서 여러분이 고고학에서 알게 된 사실들을, 옛날 사람들이 쓰던 것과 같은 도구를 사용해서 똑같이 만들어 보는 것이다.

과거를 푸는 열쇠

요즘 고고학자들은 과거를 캐낼 뿐만 아니라 많은 일을 한다. 고고학자들은 모험을 좋아하는 사람들인 만큼, 옛날 사람들이 어떻게 물건들을 만들었는지 밝히고 싶어한다. 이런 것을 '실험 고고학'이라고 하는데, 몇몇 고고학자들은 진짜 특이한 기술을 발전시켰다. 잠깐 여기 광고를 본 뒤 더 알아보기로 하자.

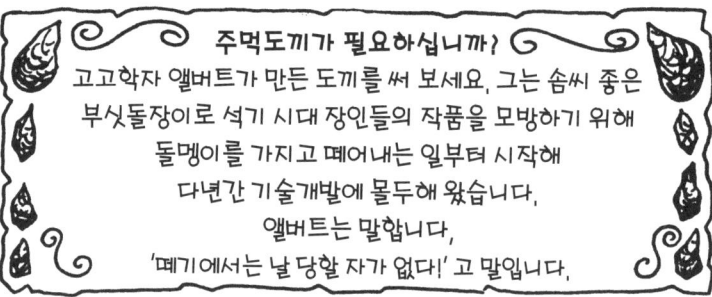

주먹도끼가 필요하십니까?
고고학자 앨버트가 만든 도끼를 써 보세요. 그는 솜씨 좋은 부싯돌장이로 석기 시대 장인들의 작품을 모방하기 위해 돌멩이를 가지고 떼어내는 일부터 시작해 다년간 기술개발에 몰두해 왔습니다.
앨버트는 말합니다.
'떼기에서는 날 당할 자가 없다!'고 말입니다.

집안을 환하게 꾸며 보세요!
석기 시대의 정통 벽화로 품격 있는 집 단장을!
화가 미셸 로르블랑셰는 페슈 메를 동굴에 있는 점박이 말 그림의 붓자국 하나하나를 전부 다 외웠습니다. 그가 여러분의 거실 벽에 직접 그 그림을 그려드립니다! (약 32시간이 걸립니다.)

주의 사항
1. 미셸은 물감과 목탄을 빨대로 불어서 점무늬를 그립니다. (여러분의 거실 벽에는 이렇게 하지 마세요!)
2. 특별 옵션, 이 그림을 더욱 돋보이게 해 줄 조명이 필요하신 분은 석기 시대 램프(죽은 소의 기름을 사용합니다)를 설치해 보세요.

과연 옛날 방식이… 맞나?

고고학자들은 고대인들이 사용했던 방법 그대로 돌을 옮기려고 하다가 다치기도 한다. 그들은 남아메리카에 있는 500년 전의 유적에 벽들을 쌓아올렸다. 오직 네모나게 다듬은 돌들만 시멘트도 없이 쌓아올렸다. 이 실험에서 단 하나 문제가 있다면, 고대인들이 실제로 그 방법을 사용했다는 증거가 어디에도 없다는 것이다.

놀라운 농사

1970년대 영국 햄프셔 주에서 고고학자들이 2천 년 전의 농촌을 재현한 마을을 만들었다. 그들은 철기 시대 집들이 200그루의 나무로 지어졌으며 무척 튼튼하다는 사실을 알게 되었다. 그들은 또 철기 시대 때의 밀이 아주 잘 자라는 품종이었다는 사실을 밝혀 냈다.

1970년대 말 여러 지원자들이 철기 시대를 재현한 또 다른 마을에서 꼬박 1년을 지냈다. 이들은 따뜻한 난방과 자동차, 전등과 전화기, 슈퍼마켓 장보기 등을 모두 포기한 채 즐겁게 원시 생활을 했다.

★ 파고 파헤친 정보

1. 재현된 고대의 농사법은 현대 농사법보다 더 효과가 좋은 것으로 판명된다. 고고학자들은 남아메리카의 볼리비아에서 지역 주민들에게 1450년 후 쓰이지 않던 방법, 즉 밭에 흙을 돋구어 감자를 키우는 방법을 보여 주었다. 이런 밭은 다른 밭보다 서리 피해가 덜했고, 감자가 더 많이 열렸다.
2. 이스라엘 과학자들은 사막에서 과일을 재배하기 위해 고대 관개법을 사용해 왔다. 그런 밭은 광범위한 지역에서 물을 흡수하기 때문에 건조한 환경에서도 농사가 잘 된다.

선박 선보이기

　고고학자들은 고대 선박을 똑같이 만들어서 띄워 보기도 한다. 예를 들면, 토르 헤이어달과 팀 세버린은 고대인들이 대양을 건널 수 있었다는 사실을 보여 주려고 직접 바다를 건넜다. 1947년 토르 헤이어달은 남아메리카에서 라파누이(이스터 섬)까지 뗏목을 타고 6,900킬로미터를 항해함으로써, 고대인들이 어떻게 그 섬까지 도착했을지 보여 주었다(오늘날 고고학자들은 그 섬 주민들이 멜라네시아에서 출발하는 지름길로 왔다고 생각한다. 그러니까 토르의 이론은 그가 탔던 뗏목보다 더 엉성했던 모양이다.)

　바이킹들이 사용했던 선박은 지금까지 50척 넘게 복원되어 스칸디나비아 반도와 미국 사이를 항해했다. 1990년대에 러시아의 용감한 연구원들이 바이킹 선박을 그대로 본떠 만든 다음, 스몰렌스크에서 흑해까지 바이킹의 교역로를 좇아서 러시아의 여러 강들을 타고 내려갔다. 그러는 동안, 용감한 스웨덴의 연구원들도 바이킹 선박을 만들어서 좀더 북쪽에 있는 러시아 강들을 따라 내려갔다. 마침 그 가운데 한 사람이 썼을지 모를 편지를 입수했는데…….

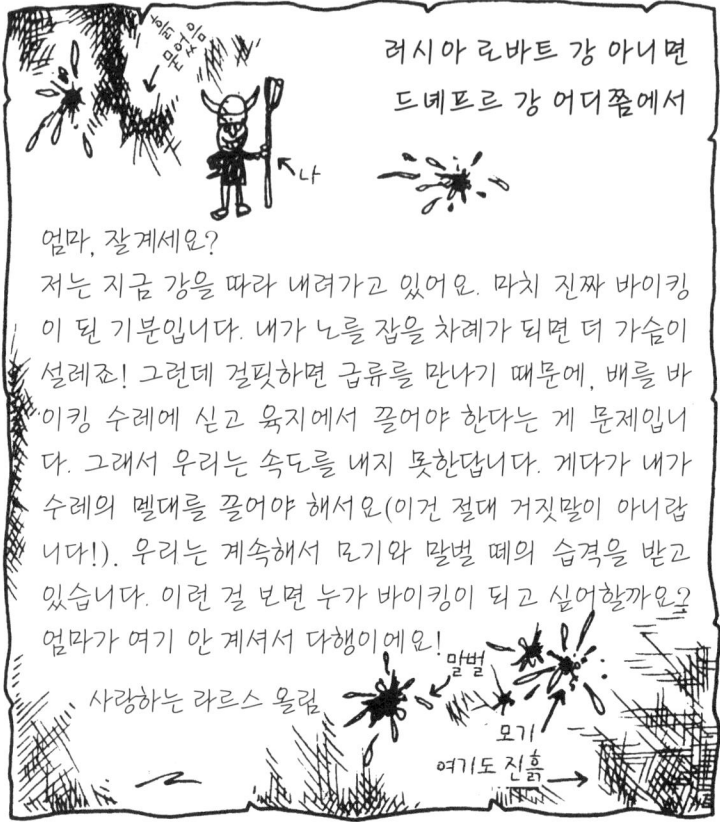

고고학자가 넘어야 할 문제

다음은 다섯 가지 옛날 유물에 대한 설명이다. 고고학자들에게 어떤 일이 생길지 예측해 보시라.

1. 이란의 고고학자들은 단지 속에서 세계에서 가장 오래된 맥주, 적어도 5천 년 된 음료를 발견했다. 이들은 기원전 1,800년의 어느 조리법에 따라서 고대의 맥주를 만들기로 했다. 그리고 그 맥주를 미국의 양조업자들에게 대접했다. 어떻게 되었을까?

a) 맥주 맛이 형편없어서 양조업자 중 세 명은 양탄자에 토해

버렸다.
b) 맥주가 너무 독한 나머지, 모두 취해서 잊어버려도 좋을 행동을 했다.
c) 그 맥주는 맛있었다!

2. 고고학자들은 옛날 시체의 내장에 남아 있던 음식 찌꺼기에 매료되곤 한다. (어쩌면 빈속으로 일하는 게 힘들다는 사실을 알아서 그런 걸까?) 모티머 휠러와 글린 대니얼은 TV에 나와서 2천 년 전의 시체 위 속에 있던 내용물을 근거로 묽은 죽을 만들어 먹었다. 어떻게 되었을까?
   a) 두 고고학자 모두 더 달라고 부탁했다.
   b) 이 고고학자들은 식중독을 일으켜 병원으로 달려갔다.
   c) 죽은 지독히 맛이 없었으나 고고학자들은 잘 참고 넘겼다.

3. 1976년 고고학자들은 미국 캘리포니아의 추마시 부족이 쓰던 낚시용 카누를 본떠 만들었다. 추마시 부족들처럼 고고학자들도 목재를 다듬기 위해 석기와 상어 가죽을 사용했다. 어떻게 되었을까?
   a) 카누가 가라앉았다.
   b) 카누는 물이 많이 새어들었지만 잘 나갔다.
   c) 고고학자들은 항로를 이탈해서 오스트레일리아에 닿았다.

4. 고고학자 존 콜스는 동료 한 사람과 함께 3,500년 전 그대로 만든 칼과 창을 가지고 전투를 벌였다. 어떻게 되었을까?
   a) 두 고고학자 중 한 명이 죽었다.
   b) 전투 결과 청동 방패가 가죽 방패보다 싸움에는 불리한 것

으로 나타났다.

c) 누군가 경찰에 신고해서 두 고고학자 모두 체포되었다.

5. 고고학자 조지 프라이슨은 북아메리카 클로비스인들이 1만 년 전에 사용했던 것과 같이 돌촉을 끼운 창을 죽은 코끼리한테 던졌다. 어떻게 되었을까?

a) 창이 코끼리의 두꺼운 가죽을 뚫고 들어갔다.

b) 창은 코끼리에 맞고 튀어나갔다(원래 토끼 사냥에 쓰기 위한 것이었다).

c) 그 코끼리는 사실 살아 있었다(졸고 있었을 뿐이다). 성난 코끼리가 고고학자를 800미터나 쫓아왔다.

정답:

1. c) 아니, 그랬더라도 아팠을 때는 이 때문에 이가 아직 있지 아니했을 때부터 벌써 곧 또 다른 것 수 있다니까.

2. c) 놓고 말고, 아머리, 그리고 엄마는 생각한 수 있을 빠져나가서 다른 말이다.

3. b) 고고학자들에 의하면 이 고기베개는 높이 우연히 발견되었어야 했다.

4. b) 곧 그것은 상자처럼 보였지만, 곧 상자라고 놓고 남미로 아주 돌아온 세계 사용하겠다고 고리라아이를 만들어 상자였던 것 같다.

5. a) 이 창은 12센치씩 사용해도 관통했다.

148

사냥 얘기가 나왔으니 말인데, 1911년까지만 해도 미국 캘리포니아에 진짜 석기 시대의 사냥꾼이 돌아다니고 있었다면 여러분은 믿을 수 있을까? 허리우드 영화에 초기 비행기가 등장하던 그 시대에 말이다! 또 믿을지 모르겠지만 그 사냥꾼이 고고학자들에게 자신의 생활방식을 보여 주었다면? 이건 정말이다. 여기 그 고고학자 가운데 한 명이 전해 주었을 것 같은 이야기가 있는데……

최후의 야히 족

1911년 9월, 버클리

메러에게

오르빌에서 무사히 돌아왔다는 이야기를 전하려고 편지를 쓴다. 참으로 낯선 경험을 했다. 우리가 그 마을에 도착해 보니 모두들 유치장에 가두었다는 그 '야생 인간'에 관해 수군대고 있더구나. 우리가 들렀을 때 보안관은 약간 무뚝뚝한 표정이었다.

내가 설명을 했다. "우리는 캘리포니아 대학교에서 온 사람들입니다. 보안관님이 잡았다는 그 사람을 만나고 싶어서 왔습니다. 우리 생각에는 그 사람이 마지막 남은 야히 족인 것 같아서요."

"내가 알 게 뭐요!"

보안관은 내뱉듯이 대답하더구나.

"그 야만인은 자기 주제도 모르고 저렇게 설쳐대고 있단 말이오."

나는 그의 무례한 인사에 적잖이 당황했지만, 이렇게 대답했단다.

"하지만 보안관님이 그 사람을 계속 가둬둘 수는 없습니다. 석기 시대 사냥꾼으로 산다는 게 연방법 위반은 아닐 테니까요."

우리는 그 보안관을 따라 유치장으로 들어갔지. 그곳에는 우리가 지금까지 본 것 중 가장 비참한 상태의 인간이 있었어. 그 사람은 힘이 다 빠졌는지 축 늘어져 있었고, 너무 말라서 갈비뼈가 툭 불거져 있었다. 두 볼은 움푹 꺼지고 가운데로 몰린 눈은 겁에 질린 듯 어두워 보였다.

"아무도 저 자의 말을 알아듣지 못하죠."

보안관은 위스키 병을 꺼내들며 이렇게 말했다.

"누구도 들어 본 적이 없는 야만스러운 인디언 말 같은 걸 지껄이니까요."

하지만 나는 인디언 언어 책들을 뒤적여가며 며칠 동안 그 남자한테 말을 걸려고 애썼단다. 하지만 진도가 너무 느려, 결국 우리가 그 남자를 데리고 대학교 박물관으로 돌아가 그곳에서 살게 하도록 했단다.

그럼 이만, 이것으로 소식을 전하마.

사랑하는 오빠.
티머스

1914년 3월 버클리

메리에게,

너의 답장 잘 받았다. 그래, 이시— 우리는 그 야생 인간을 '이시'라고 부른단다 — 에 관해서 모두 알고 싶다고 했지. 그럼 최근 소식을 전해 주마. 이시는 그럭저럭 잘 지낸다. 박물관에 정착한 그는 견학 오는 어린 학생들에게 석기와 화살촉을 어떻게 만드는지 보여 주고 있지. 그 사람이야말로 석기 시대 기술을 가진 아메리카 대륙 최후의 인간일 것이다. 이제 나는 몇몇 친구들과 함께 이시를 그의 고향으로 데려가서, 석기 시대 사람들이 어떻게 사는지 배워 보려고 한다. 그 일에 관해서는 나중에 알려 줄게.

사랑하는 오빠, 토머스

1914년 5월, 어디인지 모를 곳

메리에게

편지지가 이렇게 지저분해서 미안하다. 모닥불 옆에서 편지를 쓰고 있거든. 이시와 생활하면서 참으로 배우는 것이 많다. 활을 제대로 사용하려면 몇 주씩 건조시켜야 한다는 걸 너도 모르고 있었지? 그리고 석기 시대 사냥꾼들이 몇 시간씩 동물을 쫓지만 아무것도 못 잡을 때가 많다는 사실은? 나도 진작에 알았어야 하는 건데. 우리는 이틀동안 배를 곯다가 이시가 우리한테 사슴 한 마리를 준 덕분에 살았다. 우리는 담배도 끊어야 했다. 이시 말이 야생 동물들이 담배 냄새를 맡는다고 했거든. 하지만 그의 말이 옳았고, 그가 없었다면 우리 모두 죽었을 거야. 이시는 참으로 재주가 많은 친구다!

너를 사랑하는, 하지만 조금 배고픈 오빠,
토머스

1914년 8월 버클리

메리에게

야외에서 썼던 내 편지글에 잠깐 덧붙인다. 우리는 모두 무사히 돌아왔다. 나로서는 결코 짧지 않은 시간이었다. 따뜻한 식사를 하고 푹신한 침대에서 자지 못한다는 게 아쉽지도 않았다. 어쨌든 굉장한 경험이었다! 이시는 우리에게 자기 부족의 묘지를 보여 주었다. 그는 또 먹을 수 있거나 약으로 쓸 수 있는 200종의 식물과 약초들을 보여 주었다. 메리, 나는 내내 생각했단다. 그 보안관의 생각은 틀렸어! 이 남자는 야만적이지 않아. 그는 우리 인류가 잊어버린 기술, 그를 특별한 인간으로 만들어 주는 기술을 알고 있단다.

곧 편지하마!

너의 사랑하는 오빠,
토머스

우리 동네에 오면 저녁 식사하러 들러라.
훌륭한 사슴 스테이크를 요리해 줄게.

자아, 이제 고고학자들이 어떻게 과거를 재현하는지에 대해선 충분히 얘기한 것 같다. 이번에는 여러분 차례다. 그래, 여러분이 직접 재현할 차례라고! 마음을 단단히 먹도록!

고고학 체험, 나만의 미라 만들기

앞에서 고고학자들이 미라를 만들었다는 얘기 기억하지? 이제 여러분이 만들어 보자.

시작하기 전에 꼭 읽어야 할 것

먼저 여러분은 시체를 준비해야 한다. 다른 방법으로는 낡은 인형이나 곰 인형을 사용해도 되는데, 이 경우 곧장 5번 단계부터 시작한다.

1. 커다란 탁자의 다리 밑에 책을 괴어 한쪽 끝을 높인다. 이렇게 하면 피와 뇌수액이 낮은 쪽 끝으로 흘러내린다. (반드시 여러 장의 신문을 깔아놓는다.) 시체의 머리가 높은 쪽으로 가도록 탁자에 눕힌다.

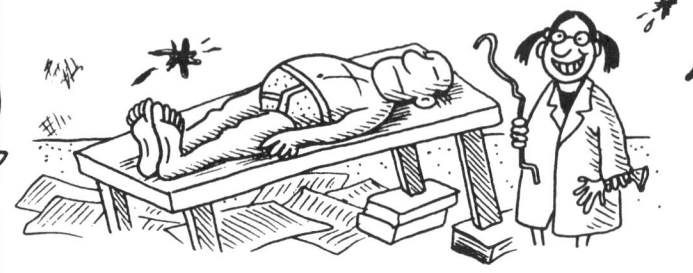

2. 철사 한 가닥을 시체의 콧구멍에 넣어 뇌까지 집어넣는다. 철사를 마구 휘젓는다. 두뇌가 죽처럼 뭉개져서 콧구멍 밖으로 흘러나올 때까지. 이것은 곧바로 버린다. 미라에게는 뇌가 필요 없으니까. 뜨거운 수지나 역청을 콧구멍으로 넣어 두개골 안을 도로 채워 넣는다. (이렇게 하면 세균이 죽고 두개골 안에 살이 남아 있다고 해도 썩지 않게 된다.)

3. 시체의 배를 절개해서 위와 장, 간, 신장을 꺼낸다. 이것들을 특수한 상자에 넣는다. 심장은 제자리에 그대로 둔다. 고대 이집트인들은 심장으로 생각하는 줄 알았거든.

4. 소금과 베이킹 소다의 혼합물로 시체를 완전히 뒤덮어 시체에서

수분이 빠져나가게 한다. 이렇게 35일 동안 놓아둔 다음, 시체를 닦아 내고 역청을 좀더 붓는다.
  5. 린넨 붕대로 시체를 감는다. 두루마리 화장지를 대신 사용해도 된다.
  6. 무덤 속에 3천 년 동안 놓아 둔다.
  7. 그 무덤 밖에 앉아서 즐겁게 식사한 뒤에, 컵과 접시들을 깨뜨린다. 조심해야지, 엄마가 화내실 수도 있으니까!

 일단 이론은 이렇다. 그러나 실제는 이것과 종종 달랐다. 일부 미라 제작자들은 아주 형편없었다!

- 한 소년의 미라는 작은 관 크기에 맞추느라 두 다리가 부러져 버렸다.
- 한 여자의 미라에서는 다리 사이에서 다른 사람의 두개골이 발견되었다.
- 또 다른 미라는 두 팔다리가 뒤죽박죽이었고, 머리가 떨어지지 않도록 막대기가 괴어져 있었다.
- 아멘호테프 3세의 미라는 근육이 모두 뽑혀지고 대신 톱밥과 진흙으로 채워져 있었다. 이 비위생적인 결과로 피부가 갈라져 버렸다.
- 한 어린이의 관에는 미라가 된 고양이가 대신 들어 있었다. 정신이 없던 미라 제작업자들이 시체를 잃어버리자, 자신들

이 기르던 고양이를 대신 미라로 만든 모양이다!
 심지어 투탕카멘 왕의 시체도 차라리 사막의 모래에 묻혔다면, 훨씬 더 잘 보존되었을 것이다.

★ 파고 파헤친 정보

중세 시대에 이집트의 상인들은 미라의 몸 속에서 파낸 역청을 약으로 팔곤 했다. 그러자 사람들은 그 역청이 우리 몸에 좋다면 미라 가루도 몸에 좋을 거라고 생각했다! 곧이어 상선들은 미라가 된 시체들을 몇 톤씩 유럽으로 수출하기 시작했다. 아픈 환자들의 약으로 쓰려고! 프랑스의 왕 프랑수아 1세는 고대 미라의 살덩이를 가지고 다니면서 속이 거북할 때마다 우적우적 먹었다고. 말만 들어도 목이 콱 막히지. 기분 상했다면 미안!

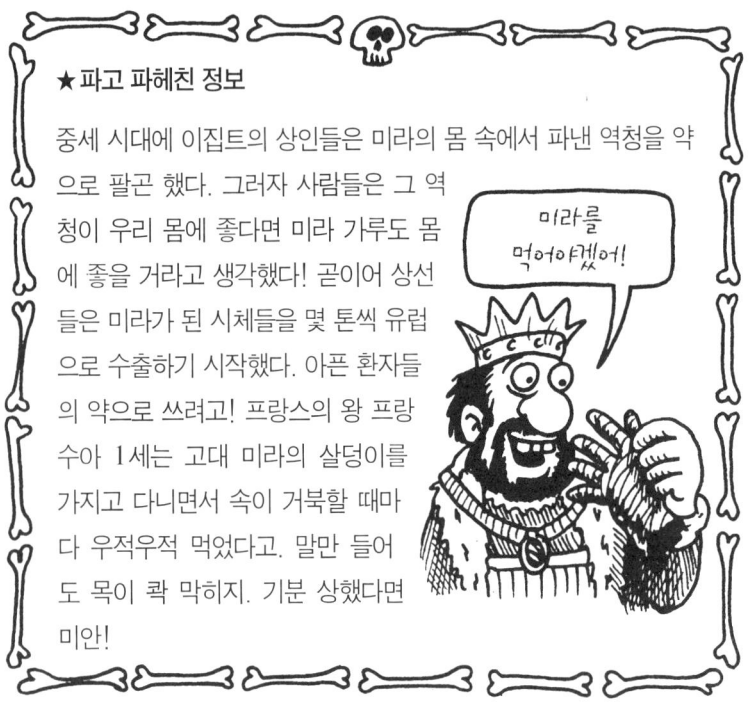

 그렇지만 좋은 소식도 있다. 아무리 두개골에서 완전히 살이 썩어 없어졌다고 해도 전문가들은 미라의 얼굴을 재현할 수 있다. 그러고 보니 이제 킬렘 학교에 가 봐야 할 시간이군. 고고학자들이 거기서 이 기술을 이용하려고 하고 있거든. 그래, 고고학자들이 옛날 학교 현장에서 유골들을 발견했던 거, 기억나지? 지금 그들은 유골이 생전에 어떤 모습이었는지 알아 내려고 한다.

죽음의 학교

제4부 : 눈을 부릅뜨고 보라!

오스왈드는 기분이 좋지 않았다. "수다쟁이 클레어 같으니! 왜 나까지 자원자로 만드느냐 말이야?" 그는 클레어의 가느다란 목소리를 흉내내며 빈정댔다.

"교장 선생님, 저희가 유물을 정리하는 일을 도우면 안 될까요?"

그는 분이 풀리지 않는 듯 깨진 학교 급식 도자기 그릇을 솔로 북북 문질렀다.

톰이 말했다. "오스왈드, 그만 좀 투덜거려. 오늘 아침에는 옛날 화장실이 발굴되었대. 적어도 넌 말라붙은 옛날 똥에서 죽은 구더기를 체로 치는 건 아니잖아."

그러자 오스왈드는 하얗게 질려서 얌전해졌다. 바로 그 때 사만다가 햇살처럼 환한 미소를 지으며 산들바람처럼 들어왔다.

"안녕, 애들아. 일은 잘 되가니?"

"네!" 둘은 목청 높여 대답했다.

그러나 사만다는 벌써 옆방에 가 있었다. 그곳에선 클레어가 발견물을 자료로 입력하고 있었다. 처음엔 톰이, 이어서 오스왈드가 슬쩍 문간으로 다가오더니 클레어와 사만다가 하

는 얘기에 귀를 기울였다.

"데이터베이스는 잘 되어가고 있어요!"

클레어의 목소리였다. "그런데 그 어른 두개골 복원 작업은 끝났나요? 궁금해하던 참이었어요."

"복원이라니, 그게 무슨 소리야?" 오스왈드가 톰에게 속삭였다. "그럼 거기다 다시 살을 입힌다는 소리야?"

톰이 눈살을 찌푸리며 대답했다. "설마, 찰흙이겠지. 그 두개골을 석고로 뜬 다음에… 아이, 나도 잘 모르겠다."

모든 것은 2주 뒤에 밝혀졌다.

그 날은 학기의 마지막 날이었고 고고학자들은 학교 강당에서 학부모들과 어린이들을 상대로 발견된 유물들을 설명하고 있었다. 디그비 교수는 톰이 얼버무렸던 바로 그 과정을 설명하고 있었다.

"…그리고 근육에 맞춰서 점토로 층을 입혀나갑니다. 물론 석고로 만든 안구도 빠뜨리지 않습니다. 이 슬라이드를 보면 아시겠지만 우리는 현장에서 발견된 유리 안구를 사용했습니다. 그 안구와 두개골 모두 마거릿 킬렘의 것이라고 확신했기 때문이지요."

디그비 교수가 버튼을 누르자 부분적으로 살을 입힌 두개골이 스크린에 나타났다. 한쪽은 석고 안구였고, 또 한쪽은 반짝이는 유리 안구였다. 관중석에서는 경악의 소리가 터져나왔다.

"히야!" 오스왈드가 감탄했다.

"짱이다! 분명히 저 눈이 빠질 때마다 학생 하나가 사라졌을 거야!" 톰이 말했다.

"쉬! 난 설명을 받아 적어야 한단 말이야!" 클레어가 잔소리를 했다.

"이번에는 케빈 히프가 나와서 이 두개골에 대해 아는 사실을 설명하겠습니다."

교수는 케빈을 쿡 찔렀다. 케빈은 초조하게 주머니를 뒤지더니 꾸깃꾸깃한 종이 한 장을 꺼냈다.

"그, 그렇습니다. 우리는 여자 어른의 유골을 발견하고 놀랐지만 신원을 확인하게 된 것은 사만다 연구원의 조사 덕분이었습니다."

여기서 모두의 눈이 사만다에게 쏠렸다. 사만다는 가장 눈부신 미소를 지어 보였다. 한편 케빈은 자기가 쓴 글씨를 알아보려고 애쓰고 있었다.

"저기, 음, 사만다 연구원은 마거릿 킬렘의 유언과 유서를 찾아냈습니다. '나, 마거릿 킬렘은 튼튼한 신체와 정신의 소유자로'…아, 중요한 내용은 여기 있군요… '솔직히 고백하지만 내 평생 학생들을 잔인하게 다루어 왔다. 나는 정당한 이유없이 학생들에게 매를 들었으며, 학생 세 명이 병으로 죽은 것에 대해 양심의 가책을 느낀다. 그러므로 나는 나의 모든 재산과 물건들을 자선단체에 기부하여 가난한 학생들이 책을 구입할 수 있게 하며, 내 육신은 나의 옛날 학교 운동장에 묻어주기를 바란다."

다들 입을 꾹 다문 듯 침묵이 감돌았다. 노먼 캐슬이 침묵을 깨며 탁자 위에 천으로 싸놓은 물건을 자랑스레 가리켰다.

"우리가 그 여자의 두개골을 기초로 복원시켜 본 마거릿 킬렘의 얼굴입니다. 여러분이 그 여자를 보시는 것은 아마 이번이 처음일 겁니다."

그가 능숙하게 천을 벗기자 무표정한 표정으로 청중들을 보고 있는 점토 얼굴이 드러났다.

청중들 사이로 중얼거리는 소리가 번지는가 싶더니 점점 커져 웅성거림으로, 이어서 흥분한 목소리로 한꺼번에 터져 나왔다.

"스나이프 교장이다!"

오스왈드가 소리쳤다.

"그래, 사팔뜨기 작은 눈이랑 매부리코, 그리고 그 큰 귀 때문에 한눈에 알아볼 수 있어!"

"조용!" 스나이프 교장이 아주 어색한 표정으로 고함을 쳤다. "솔직히 저 얼굴이 나와 닮았다는 건 인정하겠소. 그리고 어떤 연관성이 있다고 할 수 있겠죠. 에, 이 말은 안 하려고 했지만… 마거릿 킬렘은 나의 고조 할머니요."

또 한 번 당황한 목소리들이 터져 나왔다.

"그만, 그만, 그만하라니까!" 스나이프 교장은 얼굴이 빨개진 채 펄쩍펄쩍 뛰면서 소리를 질렀다.

　모두들 흥분이 가시지 않은 듯 떠들면서 강당을 빠져나왔다. 스나이프 교장은 뒤에 남아 있었다. 그는 부들부들 몸을 떨면서 더러운 자주색 손수건으로 이마를 훔치고 있었다. 그 근처에서는 학교 도서관 사서이기도 한 미크 선생이 교수를 붙잡고 그 자선단체가 아직도 있는지, 그리고 학교 도서관 기금을 구할 수 있을지 물어보고 있었다.
　"그런데 있지." 오스왈드가 생각에 잠긴 듯 입을 열었다.
　"잔인한 건 유전되는 거래."
　"말도 안 되는 소리! 하지만 스나이프 교장 선생님은 그 옛날 학교에 관해서 전부터 알고 계셨을 거야. 그런데 웃기지, 두 분 다 선생님이라니, 그것도 똑같은 학교에서 말이야."
　클레어가 말했다.
　"야야, 어쩌면 스나이프 교장도 박물관에 갖다놓아야 할지도 몰라!" 톰이 너스레를 떨었다. 그러자 모두들 웃음을 터뜨렸다.

굉장한 박물관

　박물관은 더 이상 먼지 앉은 유리 상자 속의 물건들과 따분한 학자들만 가득한 곳이 아니다.

　박물관은 근사하고 흥미진진한 곳이며 여러분이 실제로 과거를 체험할 수 있는 장소다. 예를 들어 영국 요크의 조비크 센터에 가 보면 말하는 사람까지 갖다놓고 완벽하게 재현해 놓은 바이킹 마을을 볼 수 있다. 거기서 진짜 같은 닭똥 냄새를 맡을 수도 있고, 바이킹이 야외 화장실을 사용하는 것까지 지켜볼 수 있다(그런데 바이킹은 이끼를 화장지로 사용했다).

　캐나다의 앨버타에는 '헤즈매셔딘' 즉 '머리가 박살난'이라는 뜻의 재미난 이름을 붙인 박물관이 있다. 그곳에서는 아메리카 원주민들이 사냥 중에 들소들이 절벽 너머로 도망치는 장면을 볼 수도 있다. 이 박물관의 재미있는 이름은 한 전사가 떨어지는 들소를 잡으려 했다는 전설에서 유래한 것이다. 그것은 용감한 시도였을지 모르지만 그 전사는 모자란 바보였음이 분명하다. 아마 미래의 박물관은 가상현실 기술을 도입해서, 고고학자들이 발굴한 고대 건물 사이를 거닐도록 해 줄 것이다.

　그러나 고고학의 미래는 정확히 어떤 것일까? 글쎄다, 가까운 미래에 알 수 있겠지. 다음 페이지를 읽어 보면 말이다!

고고학의 미래

고고학은 과거의 사람들이 어떻게 살았고 무엇을 믿었는지에 관해 많은 것을 가르쳐 준다. 한편 고고학을 통해 우리는 커다란 교훈을 알게 되었다.

인간은 모든 것을 파괴하고 있다는 것이다! 우리는 파괴의 챔피언이다! 여러분도 알다시피, 사람들은 무덤을 도굴하고 고대 유적을 약탈한다. 무엇보다도 비극적인 것은 사람들이 과거를 보존하려고 할 때조차 유적을 파괴한다는 것이다.

스멘카레의 미라 이야기를 기억하는지? 고고학자들은 찌그러진 그 시체를 보존하고 소중히 다루려고 했지만, 결국에는 불쌍한 스멘카레는 부서지고 말았다.

그리고 고고학 자체도 일종의 파괴적인 분야이다. 만약 여러분이 어느 현장을 발굴한다면 고대의 지층들을 파헤치며 들어가게 된다. 그러면 결국 미래의 고고학자들로서는 연구가 더 어려워지게 될 것이다. 그렇기 때문에 현대의 고고학자들은 종종 후대 고고학자들이 탐험하도록 현장의 일부를 그냥 두기도 한다.

무시무시한 소식들

수많은 고대 유적들이 위험에 처해 있다. 오늘날 짓는 건물들은 땅을 깊게 파기 때문에 고고학적 지층들이 파괴된다. 고고학자들은 시간에 쫓기며 종종 발굴작업을 한다. 건축업자들이 쳐들어와 모든 것을 콘크리트로 묻어 버리기 전에, 현장을 기록해 두기 위해서다.

댐은 호수를 만들어 오랜 유적을 묻어 버린다.

농부들은 오랜 유적을 갈아엎는다…….

좋은 소식들

대부분의 나라에서는 고고학 유적들을 도굴이나 개발에서 보호하기 위해 법을 만들어놓고 있다. 그리고 수많은 사람들이 고고학에 굉장한 관심을 가지고 있다. 그들은 TV에서 고고학을 지켜보고 발굴현장을 방문하며 박물관을 찾아다닌다.

더욱 무시무시한 소식들

고고학 유적이 위험에 처해 있다! 수많은 관광객들의 발길이 유적을 닳게 만들기 때문이다. 어쨌거나 고대 무덤들은 묘지처럼 조용하라고 만들어진 것들이다. 이집트에 있는 네페르타리의 무덤은 1980년대에 엄청난 비용을 들여 복원공사를 해야 했다. 방문객들의 침과 입김 때문에 벽화가 손상되었기 때문이다. 너무 많은 방문객이 무덤을 손상시킨 모양이다.

고고학의 미래

지금까지 여러분은 이 책을 읽었으니 고고학이 오싹하고 소름끼친다고 생각할지도 모르겠다. 뭐, 맞는 말이다. 하지만 짜릿할 만큼 흥미롭기도 하다는 데에 동의할 것이다. 기본적으로 고고학은 착한 사람들의 편이다.

틀림없이 미래의 고고학자들은 최신 컴퓨터와 지구물리학 기술을 동원해서 세계의 유적들을 잘 보존해서 후세에 길이 전해 줄 것이다.

앗, 시리즈 (전 70권)

수많은 교사와 학생들이 한눈에 반한 책.

전 세계 2천만 독자의 인기를 독차지한 〈앗, 시리즈〉는 수학에서부터 과학, 사회, 역사까지, 공부와 재미를 둘 다 잡은 똑똑한 학습교양서입니다.

수학
- 01 수학이 모두 모여 수군수군
- 02 수학이 수리수리 마술이
- 03 수학이 수군수군
- 04 수학이 또 수군수군
- 05 수학이 자꾸 수군수군 1. 셈
- 06 수학이 자꾸 수군수군 2. 분수
- 07 수학이 자꾸 수군수군 3. 확률
- 08 수학이 자꾸 수군수군 4. 측정
- 09 대수와 방정맞은 방정식
- 10 도형이 도리도리
- 11 섬뜩섬뜩 삼각법
- 12 이상야릇 수의 세계
- 13 수학 공식이 꼬물꼬물
- 14 수학이 꿈틀꿈틀

과학
- 15 물리가 물렁물렁
- 16 화학이 화끈화끈
- 17 우주가 우왕좌왕
- 18 구석구석 인체 탐험
- 19 식물이 시글시글
- 20 벌레가 벌렁벌렁
- 21 동물이 뒹굴뒹굴
- 22 화산이 왈칵왈칵
- 23 소리가 슥삭슥삭
- 24 진화가 진짜진짜
- 25 꼬르륵 뱃속여행
- 26 두뇌가 뒤죽박죽
- 27 번들번들 빛나리
- 28 전기가 찌릿찌릿
- 29 과학자는 괴로워?
- 30 공룡이 용용 죽겠지
- 31 질병이 지끈지끈
- 32 지진이 우르쾅쾅
- 33 오싹오싹 무서운 독
- 34 에너지가 불끈불끈
- 35 태양계가 티격태격
- 36 튼튼탄탄 내 몸 관리
- 37 똑딱똑딱 시간 여행
- 38 미생물이 미끌미끌
- 39 의학이 으악으악
- 40 노발대발 야생동물
- 41 뜨끈뜨끈 지구 온난화
- 42 생각번뜩 아인슈타인
- 43 과학 천재 아이작 뉴턴
- 44 소름 돋는 과학 퀴즈

사회·역사
- 45 바다가 바글바글
- 46 강물이 꾸물꾸물
- 47 폭풍이 푸하푸하
- 48 사막이 바싹바싹
- 49 높은 산이 아찔아찔
- 50 호수가 넘실넘실
- 51 오들오들 남극북극
- 52 우글우글 열대우림
- 53 올록볼록 올림픽
- 54 와글와글 월드컵
- 55 파고 파헤치는 고고학
- 56 이왕이면 이집트
- 57 그럴싸한 그리스
- 58 모든 길은 로마로
- 59 아슬아슬 아스텍
- 60 잉카가 이크이크
- 61 들썩들썩 석기 시대
- 62 어두컴컴 중세 시대
- 63 쿵쿵쾅쾅 제1차 세계 대전
- 64 쾅쾅탕탕 제2차 세계 대전
- 65 야심만만 알렉산더
- 66 위풍당당 엘리자베스 1세
- 67 위엄가득 빅토리아 여왕
- 68 비밀의 왕 투탕카멘
- 69 최강 여왕 클레오파트라
- 70 만능 천재 레오나르도 다 빈치

전 세계 2천만 독자가 함께 읽는
<앗, 시리즈>